I0045822

F

FORMULAIRE

DE

PROCÈS-VERBAUX,

OU

GUIDE

DES

EMPLOYÉS DES DOUANES.

OUVRAGE UTILE AUX PRÉPOSÉS DE CETTE ADMINISTRATION POUR LA RÉDACTION DES ACTES LES PLUS USITÉS DANS CETTE DIRECTION.

Par un Brigadier des Douanes.

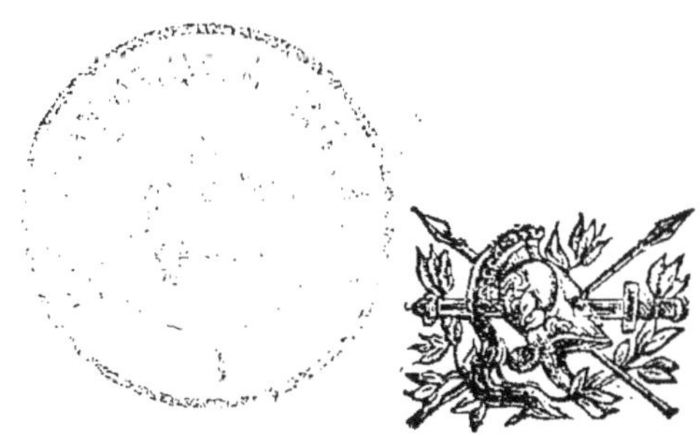

BELFORT,

IMPRIMERIE ET LITHOGRAPHIE DE JOSEPH CLERC.

1837.

AVERTISSEMENT.

Chaque Employé a sa manière de rédiger, l'un est très-laconique et l'autre plus étendu, sans pour cela s'écarter des formalités prescrites par la loi du 9 floréal an 7, cela dépend, du reste, de la manière de voir des chefs locaux, les uns approuvent le laconisme et les autres veulent des détails qui, dans tous les cas, ne sont pas nuisibles, puisqu'ils éclairent les Juges ainsi que l'administration et les mettent mieux à même d'approfondir le fond de l'affaire. C'est dans ce sens que mes différens modèles sont rédigés, ne voulant du reste point m'écarter de ceux en pratique depuis long-temps et sanctionnés par l'administration, pensant qu'il était plus facile de retrancher que d'ajouter.

L'apposition des cachets, par exemple, sur des marchandises saisies, surtout à domicile, n'est point prescrite, cela est néanmoins très-nécessaire; ne peut-il pas se glisser une erreur lors de la 1re vérification, laquelle peut être reconnue, soit à l'arrivée au bureau, soit au moment de la vente? Si les cachets sont apposés et reconnus intacts, on ne peut nullement soupçonner les Employés, dans le cas de non apposition, à quelles conjectures ne peut-on pas se laisser aller; je le demande à tous les Employés?

L'interprétation que je donne au prévenu, de mon procès-verbal, n'est point non plus de rigueur; cependant l'article 6 de la loi du 9 floréal an 7, en exigeant qu'il en soit donné lecture au prévenu, a nécessairement voulu qu'il ait connaissance de son contenu : je suppose qu'il soit allemand, il n'aura point compris ce que vous lui aurez lu et par conséquent vous n'aurez pas rempli le vœu de la loi.

Il serait d'ailleurs très-difficile de présenter des formules du goût de tout le monde, par la raison énoncée plus haut; je n'ai pas eu la prétention de rédiger des modèles *modèles*, mais seulement de tracer, sous un cadre restreint, la manière que l'on doit traiter les différentes contraventions, et sous ce rapport j'ai la persuasion qu'ils seront goûtés par la généralité des Employés.

A ceux versés dans le contentieux, ce petit recueil paraîtra futile, j'en conviens, mais aussi n'est-ce pas à eux que j'ai l'ambition de le destiner; c'est à mes Collègues, à quelques Chefs divisionnaires et à un petit nombre de Receveurs que je l'adresse.

Il est de l'intérêt de tous de s'instruire et d'apprendre à connaître les devoirs qui leur sont imposés, afin d'être toujours à même d'opérer avec connaissance de cause.

Ils doivent tous bien se pénétrer des 10 articles de l'extrait de la loi du 9 floréal an 7; ils doivent encore les avoir sous les yeux toutes les fois qu'ils rédigent un procès-verbal, afin de s'assurer article par article, avant de le signer, s'il contient toutes les formalités exigées; ils ne perdront pas de vue que l'omission d'une seule de ces formalités entraîne la nullité du procès-verbal, c'est-à-dire, que quand il s'agit de marchandises tarifiées, la saisie est considérée comme non avenue et les frais, dans ce cas, sont à la charge des saisissans; et quand il est question de marchandises prohibées, la confiscation seulement en est prononcée, mais sans amende. (Art. 23, titre X, loi du 22 août 1791 et jugement du tribunal de cassation du 15 prairéal an 8.)

Les Employés négligens ou ignorans s'exposent encore à encourir la disgrâce de l'administration, notamment le Receveur dépositaire qui est spécialement chargé d'en soigner la rédaction.

EXTRAIT DU TITRE 4 DE LA LOI DU 9 FLORÉAL AN 7.

ARTICLE 1.er Deux Préposés de l'administration, ou autres citoyens français, suffisent pour constater toutes contraventions aux lois des Douanes.

ART. 2. Ceux qui procéderont aux saisies feront conduire dans un bureau des Douanes et, autant que les circonstances pourront le permettre, au plus prochain du lieu de l'arrestation, les marchandises, voitures, chevaux, etc. servant au transport, et y rédigeront de suite leur rapport.

ART. 3. Les rapports énonceront 1° la date et la cause de la saisie; 2° la déclaration qui en aura été faite au prévenu; 3° les noms, qualités et demeures des saisissans et celui chargé des poursuites; 4° l'espèce, poids ou nombre des objets saisis; 5° la présence de la partie à la description, ou la sommation qui lui en aura été faite d'y assister; 6° le nom et la qualité du gardien; 7° le lieu de la rédaction du rapport et l'heure de sa clôture.

ART. 4. Dans le cas où le motif de la saisie portera sur le faux ou l'altération des expéditions, le rapport énoncera le genre de faux, les altérations ou surcharges.

Lesdites expéditions signées et paraphées des saisissans, *ne varietur*, seront annexées au rapport qui contiendra la sommation faite à la partie de les signer et sa réponse.

ART. 5. Il sera offert main-levée, sous caution solvable, ou en consignant la valeur des bâtimens, bateaux, voitures, chevaux et équipages saisis pour autre cause que pour prohibition de marchandises dont la consommation est défendue, et cet offre, ainsi que la réponse de la partie, sera mentionné au rapport.

ART. 6. Si le prévenu est présent, le rapport énoncera qu'il lui en a été donné lecture, qu'il a été interpellé de le signer, et qu'il en a reçu de suite copie, avec citation à comparaître, dans les 24 heures, devant le Juge-de-paix de l'arrondissement.

En cas d'absence du prévenu, la copie sera affichée dans le jour à la porte du bureau.

Ces rapports, citations et affiches devront être faits tous les jours indistinctement.

Art. 7. Lorsqu'il y aura lieu de saisir dans une maison, la description y sera faite et le rapport y sera rédigé; les marchandises dont la consommation n'est pas prohibée ne seront point déplacées, pourvu que la partie donne caution solvable pour leur valeur.

Si la partie ne fournit pas caution, ou s'il s'agit d'objets prohibés, les marchandises seront transportées au plus prochain bureau.

Art. 8. A l'égard des saisies faites sur les bâtimens de mer etc.

Art. 9. Les rapports ne seront dispensés de l'enregistrement qu'autant qu'il ne se trouvera pas de bureau dans la commune du dépôt des marchandises, ni dans celle où est placé le tribunal qui devra connaître de l'affaire; auquel cas le rapport sera visé le jour de sa clôture, ou le lendemain avant midi, par le Juge-de-paix du lieu ou, à son défaut, par l'agent municipal.

Art. 10. Les rapports seront affirmés au moins par deux saisissans devant le Juge-de-paix ou son suppléant, dans le délai pour comparaître, l'affirmation énoncera qu'il a été donné lecture aux saisissans.

Art. 11. Les rapports, ainsi rédigés et affirmés, seront crus jusqu'à inscription de faux. Les tribunaux ne pourront admettre, contre lesdits rapports, d'autres nullités que celles résultant de l'omission des formalités prescrites par les articles précédens.

Nota. Hors le cas d'inscription en faux et celui de voies de fait, nulle preuve testimoniale ne sera admise contre les procès-verbaux des Employés. (Art 49 de la loi du 28 avril 1816.)

D'après le même article un procès-verbal constatant injures ou opposition à l'exercice des Employés n'était pas suffisant pour faire condamner les prévenus; mais d'après un arrêt de la Cour de cassation du 26 août 1836, il n'y a que l'inscription en faux et l'omission des formalités ci-dessus, qui puissent être admises, comme pour les autres procès-verbaux.

TABLEAU D'INFRACTIONS.

LÉGISLATION PARTICULIÈRE AUX GRAINS.

Lorsqu'il sont prohibés à l'entrée ou qu'ils paient plus de 20 fr. les 0/0 kil.

1.° Pour le 1er cas. Contravention à l'art. 41 de la loi du 28 avril 1816, qui prononce la confiscation des marchandises et des moyens de transport, avec arrestation du prévenu et amende de 500 fr.

2.° Pour le 2e cas. Contravention à l'art. 38 de la même loi, et pour les pénalités l'on invoque l'art. 41.

Lorsque les droits sont au-dessous de 20 les 0/0 kil.

3.° A l'importation. L'art. 4 du titre 3 de la loi du 4 germinal an 2, qui prononce la confiscation des marchandises, avec amende de 200 fr.

4.° A la circulation. L'art. 15 du titre 3 de la loi du 22 août 1791 et les art. 6 et 7 de celle du 22 thermidor an 10, qui prononce la confiscation des marchandises, avec amende de 100 fr.

5.° A l'exportation. Comme pour importation.

Lorsqu'ils sont prohibés à la sortie.

6.° A l'exportation. Titre 5, article 3 de la loi du 22 août 1791, qui prononce la confiscation des marchandises et des moyens de transport, avec amende de 500 fr., par application de l'art. 1er.

7.° A la circulation. Comme ci-dessus.

C'est la loi du 15 avril 1832 qui a fait entrer les grains dans la classe des marchandises.

A L'IMPORTATION	De Marchandises prohibées à l'entrée, ou payant plus 20 fr. les o/o kilogrammes.	Commis par moins de 3 individus.	Saisie des marchandises et des moyens de transport, arrestation des prévenus et une amende solidaire de 500 fr.; dans le cas où l'objet saisi dépassera cette somme, l'amende sera égale à la valeur des marchandises. Art. 41, 42 et 43 de la loi du 28 avril 1816.
		Par 3 individus à 6 inclusivement.	Saisie des marchandises et des moyens de transport, un emprisonnement de 3 mois à un an et une amende de 500 fr. ou de la valeur égale à l'objet saisi, si elles dépassent cette somme. Art. 41, 42 et 44 de la loi du 28 avril 1816.
		Par 3 à cheval ou 7 à pieds et au-dessus	Saisie des marchandises et des moyens de transport, arrestation des prévenus et une amende de 1000 fr., ou du double de la valeur si les marchandises excédent cette somme, un emprisonnement de 6 mois à 3 ans. Art. 5, loi du 28 avril 1813.
	de marchandises payant à la valeur: ou moins de 20 fr. les o/o kil.		Confiscation des marchandises et une amende de 200 fr. Loi du 4 germinal an 2, titre 3, art. 4. Il n'y a pas lieu à arrestation, ni à saisir les moyens de transport.
	de chevaux, bœufs, etc.		Saisie des bestiaux avec amende de 200 fr. Même loi que ci-dessus.
	de grains.		Voir ce qui concerne la législation particulière aux grains.

A L'EXPORTATION.	de marchandises prohibées.	Confiscation des marchandises et des moyens de transport et une amende de 500 fr. Titre 5, art. 3 de la loi du 22 août 1791.
	de march. sujettes aux droits, payant à la valeur ou par tête.	Saisie des marchandises et amende de 200 fr. Titre 2, art. 4 de la loi du 4 germinal an 2.
	de grains	Voir ce qui concerne cette matière.

A LA CIRCULATION.

de marchandises prohibées à l'entrée ou payant plus de 20 fr. les 0[0 kil.	Saisie des marchandises et des moyens de transport, arrestation des prévenus, une amende de 500 fr. ou égale à la valeur des marchandises si elles dépassent cette somme, un emprisonnement; le tout en conformité des art. 41 et suivans de la loi du 28 avril 1816.
de marchandises prohibées à la sortie.	Saisie des marchandises et des moyens de transport, avec amende de 500 fr. Titre 5, art. 3 de la loi du 22 août 1791, par application de l'article 1.er
de marchandises payant moins de 20 fr. les 0[0 kil. à l'entrée, ou tarifiées à un droit quelconque à la sortie.	Saisie des marchandises avec amende de 100 fr. Titre 3, art. 15 de la loi du 22 août 1791.
de marchandises comme ci-dessus circulant, même avec passavant, entre le coucher et le lever du soleil.	Mêmes peines que ci-dessus, 22 thermidor an 10, art. 8.
de grains.	Voir ce qui concerne cette matière.
de chevaux.	Conduits en laisse dans le rayon et qui font un objet de commerce, sont considérés comme marchandise. Confiscation des chevaux, avec amende de 100 fr. Titre 3, art. 15 de la loi du 22 août 1791.
de bœufs, vaches, genisses et bonvillons.	Dans la demi-lieue frontière, sans expédition, sont passibles du double droit. (Ordonnance du 28 juillet 1822, art. 9, et circulaire de la direction N.° 118.)

Moutons.

Trouvés dans la demi-lieue sans expéditions, sont considérés comme introduits en fraude. Saisie des moutons avec amende de 200 fr. Loi du 4 germinal an 2, titre 3, art. 4 et 5.

Double droit d'entrée, titre 3, art. 9, de la loi du 22 août 1791.	Excédant lors d'un recensement.
Double droit de sortie, titre 3, art. 12 et 13 de la loi du 22 août 1791.	Déficit, idem.
Les art. 9, 12 et 13 de la loi précitée.	Substitution, idem.

Circulaire de l'administration du 15 juillet 1825, art. 49.

A LA CIRCULATION.		
	de tabacs.	En feuilles, sans acquit-à-caution de la régie des contributions indirectes; fabriqués non accompagnés d'un laissez-passer quand le poids est de 10 kil. et au-dessus. Saisie des tabacs et des moyens de transport, avec amende de 100 fr. à 1000 fr. Art. 26 de la loi du 28 avril 1816.
	de boissons.	Si elles ne sont accompagnées d'un congé, d'un acquit-à-caution ou d'un passavant de la régie. Saisie des boissons et une amende de 100 fr. à 600 fr. Titre 1er, art. 19 de la loi du 28 avril 1816. Les moyens de transport seront retenus pour garantie de l'amende. (Art. 17 de la même loi.)
	de cartes.	Saisie des cartes, un emprisonnement d'un mois et une amende de 1000 à 3000 fr. Loi du 28 avril 1816, art. 166.

SAISIES.		
	à domicile de marchandises prohibées ou payant plus de 20 fr. les 0[0 kil.	Saisie des marchandises et amende de 500 fr.; quand la valeur de l'objet excèdera cette somme, elle sera alors égale à son estimation, (valeur en France.) Les marchandises qui ne sont point prohibées ne seront pas déplacées pourvu que la partie fournisse caution solvable. (Art. 7 de la loi du 9 floréal an 7 titre 4.)
	dans l'intérieur. de cotons filés, tulles, tissus, tricots de laine et tissus étrangers.	Saisie des marchandises et amende de 500 fr., titre 6, art. 59 et 60 de la loi du 28 avril 1816.
	de lettres et journaux.	D'un kil. et au-dessous transportés par autre voie que la poste. Amende de 150 à 300 fr. Arrêté du 27 prairéal an 9.

Oppositions et injures dans l'exercice des fonctions des Employés.

Les prévenus seront condamnés en une amende individuelle de 500 fr. Loi du 4 germinal an 2, titre 4, art. 2, titre 13, art. 14 du 22 août 1791.

En pareil cas le procès-verbal des Employés fait foi nécessaire (arrêt de la Cour de cassation du 26 août 1836) et est du ressort de la justice-de-paix ; cet acte est par conséquent soumis aux formalités imposées par la loi du 9 floréal an 7.

—

Voies de fait.

Les prévenus seront condamnés aux peines portées par le code pénal. Loi du 4 germinal an 2, titre 4, art. 2.

Tout acte pour constater des voies de fait à l'égard des Employés, ne faisant pas foi en justice, il sera dressé une simple plainte sur papier libre, laquelle n'est assujettie à aucune formalité et qui sera remise entre les mains du Procureur du Roi près le tribunal correctionnel de l'arrondissement, qui provoquera les poursuites nécessaires.

—

Responsabilité civile.

Les pères et mères sont responsables des faits de leurs enfans mineurs et même majeurs lorsqu'ils habitent avec eux, comme aussi de leurs domestiques. Art. 84 du code civil.

Les propriétaires de marchandises sont également responsables du fait de leurs facteurs, agens, serviteurs et domestiques, en ce qui concerne les droits, confiscations, amendes et dépens.

Titre 13, art. 20 de la loi du 22 août 1791.

—

Faux ou altération des expéditions.

Les travaux forcés à temps. (Art. 147 du code pénal.)

—

Pour contrefaçon ou usage de fausses marques ou de faux plombs.

La réclusion. (Art. 142) du même code.

—

MODÈLES DE PRÉAMBULES

A LA REQUÊTE DES DOUANES.

Quand l'affaire est du ressort de la justice-de-paix.

N.° 1. L'an . . . . le . . . à la requête de Monsieur Gréterin, Maître des requêtes, Directeur de l'administration des Douanes, dont le bureau central est à Paris, hôtel du ministère des finances, rue Monthabor, lequel fait élection de domicile au bureau de M. . . . . son Receveur à . . . . . y demeurant, chargé des poursuites aux fins du présent.

Quand l'affaire est du ressort du tribunal correctionnel.

N.° 2. L'an . . . . . le . . . . . à la requête de Monsieur Gréterin, Maître des requêtes, Directeur de l'administration des Douanes, dont le bureau central est à Paris, hôtel du ministère des finances, rue Monthabor, lequel fait élection de domicile au bureau de M. . . . . son Receveur à . . . . . . y demeurant, poursuites et diligences de M. . . . . . Receveur principal des mêmes Douanes, à . . . . . y demeurant.

Nota. Pour toutes les affaires on se sert ordinairement du 1er préambule, ce qui est contre l'esprit de la loi qui porte, art. 3 de la loi du 9 floréal, an 7. « Que l'on doit énoncer les noms, qualités et de» meures du gardien *et de celui chargé des poursuites.* »

PRÉAMBULE

A LA REQUÊTE DE L'ADMINISTRATION DES CONTRIBUTIONS INDIRECTES.

N.° 3. L'an . . . . . le . . . . . à la requête de M. le Directeur de l'administration des Contributions indirectes, dont le bureau central est à Paris, hôtel du ministère des finances, poursuites et diligences de M. . Directeur de ladite administration à . . . . . . y demeurant.

N.° 4. ACTE DE DÉPOT EN DOUANE.

Pour marchandises provenant de saisie à domicile et pour lesquelles main-levée n'aura pu être offerte sur les lieux, faute de moyens nécessaires.

Nous soussignés et dénommés au procès-verbal de ce jour, ci-dessus, et par continuation du même acte, nous sommes immédiatement rendus au bureau de la Douane de . . . . . avec les marchandises saisies comme dit est, y étant arrivés le même jour à . . . heures du . . . . les avons présentées à M. . . . . Receveur.

Si la partie est présente.

Qui a reconnu, en présence du sieur. . . . prévenu dans cette affaire, que les cachets apposés sur les. . . sacs étaient sains et intacts et que les marchandises y renfermées consistaient en . . . (bien détailler les objets saisis par poids, nombre, mesure et espèce) opération que nous n'avons pu effectuer en son domicile, faute de moyens nécessaires ni, par le même motif, pu offrir main-levée des marchandises non prohibées à l'entrée consistant en. . . . (les désigner) lesquelles nous les avons estimées de gré à gré à la somme de...le sieur . . . ayant fourni caution solvable (ou consigné ladite somme) nous laissons dès ce moment à sa disposition lesdites marchandises, et remettons entre les mains du Receveur les autres prohibées à l'entrée desquelles il se rend le gardien.

Fait et clos en la Douane de. . les jour, mois et an que dessus, à . . heures du . . avons donné lecture et interprétation du présent acte au sieur . . avec invitation de le signer à . . . et de suite lui en avons remis une copie.

Si elle est absente.

Qui a reconnu en l'absence du sieur . . . prévenu dans cette affaire, quoique sommé d'être présent, que les cachets apposés sur les . . sacs étaient sains et intacts et que les marchandises y renfermées consistaient en. .(comme ci-contre) opération que nous n'avons pu effectuer sur les lieux et pour lesquelles par le même motif, nous n'avons pu offrir main-levée au sieur . . de celles non prohibées; après avoir remis lesdites marchandises dans leurs enveloppes primitives, nous les avons laissées à la charge et garde dudit Receveur, qui s'en est constitué le gardien.

Fait et clos en la Douane de . . les jour, mois et an que dessus à . . . heure du . . Vu l'absence du prévenu nous avons immédiatement affiché une copie du présent acte à la porte extérieure de ce bureau, pour lui servir ce que de droit.

Pour l'acte de cautionnement. Voir le modèle N.° 11.
Pour l'acte de consignation. Voir le modèle N.° 8.

Nota. Cet acte se fait à la suite du procès-verbal, et la copie que l'on en donne au prévenu se fait également à la suite de sa copie. Ce ne sera que dans le cas où l'espace manquerait qu'il doit être rédigé sur une autre feuille timbrée.

N.° 5. ACTE DE DÉPOT EN DOUANE

De marchandises provenant de saisie à domicile dont la vérification en détail a été faite sur les lieux et pour lesquelles main-levée aura, ou n'aura pas été acceptée.

Nous soussignés et dénommés au procès-verbal ci-dessus, et par continuation du même acte, nous sommes immédiatement rendus au bureau de la Douane de . . avec les marchandises saisies comme dit est, y étant arrivés ledit jour à . . . heures du . . . nous les avons présentées à M. . . . Receveur, qui a reconnu, en présence du prévenu, que les cachets apposés sur les . . sacs étaient sains et intacts, et que les marchandises y renfermées étaient en tout conformes à la description au procès-verbal. (Si toutefois une différence quelconque existait, on devra la mentionner.) Après quoi le susdit Receveur s'en est constitué le gardien. *Dans le cas où main-levée aura été acceptée on ajoutera*, ainsi que de l'acte de cautionnement, ou de consignation, avec la somme de . . . . .

Fait et clos au bureau de . . . . lesdits jour, mois et an que dessus, à . . . . heures du . . . en avons donné lecture et interprétation au sieur . . . . avec invitation de signer a . . . et de suite remis une copie

Nota. Si la partie est absente consulter le modèle N.° 4, 2.e partie, voir également la note à la fin dudit modèle.

N.° 6. ACTE DE DÉPOT EN DOUANE

De marchandises prohibées saisies à domicile, dont la description en détail a été faite sur les lieux.

—

Le modèle N.° 5 peut servir.

Dans le cas où la partie serait absente, consulter le modèle 4, voir également la note à la fin de ce modèle.

N.° 7. ACTE DE DÉPOT EN DOUANE

De marchandises prohibées saisies à domicile, dont la description en détail n'aura pu être faite sur les lieux.

—

Nous soussignés et dénommés au procès-verbal ci-dessus et par continuation du même acte, nous sommes immédiatement rendus au bureau de la Douane de . . avec les marchandises saisies comme dit est, y étant arrivés ledit jour à . . . . heures du . . . nous les avons présentées au sieur. . . . Receveur, qui a reconnu en présence du sieur. . . prévenu dans cette affaire, que les cachets apposés sur les . . sacs, étaient sains et intacts et que les marchandises y renfermées consistaient en. . (bien détailler par poids, nombre, mesure et espèce) opération que nous n'avons pu effectuer sur les lieux de la saisie par le motif indiqué au procès-verbal, les avons ensuite laissées à la charge du susdit Receveur qui s'en est constitué le gardien.

Fait et clos, etc., comme au modèle 5.

—

Nota. Si la partie est absente, avoir recours à la 2e partie du modèle 4, voir également la note à la fin dudit modèle.

N.° 8. ACTE DE CONSIGNATION

Passé en Douane.

L'an . . . . . le . . . . est comparu devant nous. . Receveur des Douanes à . . . . . le sieur . . . . (noms et demeure du prévénu), au préjudice duquel procès-verbal a été rédigé en son domicile pour constater la saisie des marchandises y désignées, à l'effet de consigner entre nos mains la somme de . . . . montant de l'estimation qui a été faite, de gré à gré, pour celles dont la consommation est permise et qui consistent en . . . (les désigner par poids, nombre, mesure et espèce.)

En conséquence nous faisons relation desdites marchandises au sieur. . . . . qui en donne décharge au Receveur susdit.

Fait et clos en la Douane de . . . . . les jour, mois et an que dessus, en avons donné lecture au prévenu et remis à l'instant une copie.

Nota. Il doit être fait sur papier timbré, en double expédition, une pour le prévenu et l'autre pour la Douane.

De pareils actes ne sont assujettis à aucune formalité.

N.° 9. **ACTE DE CONSIGNATION**

Fait sur les lieux de la saisie (à domicile).

L'an . . . le . . . est comparu devant nous . . . (noms, qualités et demeures des saisissans) le sieur . . . (noms, qualité et demeure du saisi), au préjudice duquel nous avons, cejourd'hui, rédigé procès-verbal en son domicile, pour constater la saisie des marchandises y désignées, à l'effet de consigner entre nos mains la somme de . . . montant de l'estimation qui a été faite de gré à gré pour celles dont la consommation est permise et qui consistent en . . . (par poids, nombre, mesure et espèce.)

En conséquence nous faisons relation desdites marchandises au sieur . . . qui en donne décharge aux saisissans, et énonçons que le present acte, ainsi que la somme de. . . . seront remises ès mains de M. . . Receveur de la Douane de . . . qui en sera le gardien.

Fait et clos en la demeure du sieur . . . etc.; l'on continuera ensuite comme au modèle 8.

Voir la note à la fin du modèle 8.

N.° 10. ACTE DE CAUTIONNEMENT

Fait sur les lieux de la saisie (à domicile).

L'an . . . le . . . est comparu devant nous. . . . (noms, qualités et demeures des saisissans), le sieur . . (noms, qualité et demeure de la caution), se présentant pour cautionner la valeur des marchandises pour lesquelles main-levée a été offerte au sieur . . . (noms, qualité et demeure du saisi), par procès-verbal de ce jour dressé à la charge de ce dernier, également présent, lesquelles consistent en . . . . (par poids, nombre, mesure et espèce), et évaluées de gré à gré à la somme de. .

A cet effet lesdits sieurs. . . . . (noms du saisi), principal obligé, et . . . . (noms de la caution), caution du sus-nommé, ont déclaré s'engager et s'engagent, par apposition de leurs signatures au présent acte, à payer solidairement à l'administration des Douanes, à la première réquisition, la somme de. . . .

En conséquence nous faisons remise des marchandises sus-dénommées au sieur . . . (noms du saisi) qui en donne décharge aux saisissans.

Fait en la demeure du susdit sieur . . les jour, mois et an que dessus, leur en avons donné lecture et remis à l'instant une copie au prévenu. Ont signé avec nous.

Voir la note à la fin du modèle 8.

N.° 11. ACTE DE CAUTIONNEMENT

Passé en Douane pour la remise, soit de marchandises, soit de moyens de transport.

L'an . . . . le . . est comparu devant nous . . . Receveur des Douanes à . . . le sieur . . . (qualité et demeure de la caution), se présentant pour cautionner la valeur des marchandises saisies au préjudice du sieur. . . . (noms, qualité et demeure du saisi), suivant procès-verbal de ce jour, lesquelles consistent en . . . (par poids, nombre, mesure et espèce) ont été évaluées, de gré à gré, à la somme de . . . .

A cet effet lesdits sieurs . . . (nom du saisi) principal obligé et . . . . (nom de la caution), caution du sus-nommé, ont déclaré s'engager et s'engagent, par apposition de leurs signatures au présent acte, à payer solidairement à l'administration des Douanes, à la première réquisition, la somme de . . . .

En conséquence nous faisons relation desdits objets au sieur (nom du saisi) qui en donne décharge au susnommé Receveur.

Fait en la Douane de . . . . les jour, mois et an que dessus, en avons donné lecture aux parties contractantes qui ont signé avec nous et remis une copie au prévenu.

Voir la note à la fin du modèle 8.

N.° 12. ACTE DE MISE EN FOURRIÈRE.

Je soussigné. . . . . aubergiste à l'enseigne de . . . à . . . reconnais que M. . . . Receveur des Douanes à . . . . a mis en fourrière chez moi deux chevaux dont le signalement suit . . . . estimés à la somme de . . . . que je promets de nourrir, bien soigner et entretenir, moyennant la somme de. . . par jour.

Je m'engage de représenter lesdits chevaux et de les remettre au susdit Receveur à sa 1re réquisition, le tout sous ma garantie, à mes risques et périls.

Fait en la Douane de . . . le . . . 18

Nota. Cet acte n'est assujetti à aucune formalité, il suffit qu'il soit dressé, en simple expédition, sur papier timbré et signé par l'aubergiste.

N.° 13. ACTE DE TRANSACTION.

Entre les soussignés . . . . (noms et demeure du Receveur) et . . . . (noms, qualité et demeure du prévenu) a été convenu ce qui suit ;

SAVOIR :

Le sieur . . . (nom du prévenu), au préjudice duquel les Employés de la brigade des Douanes de . . . ont saisi le . . . . (décrire les marchandises), suivant procès-verbal dressé à sa charge, offre, pour terminer cette affaire, d'abandonner à l'administration les marchandises saisies et de lui payer outre les frais faits et à faire, une somme de . . . . Ces offres provisoirement acceptés par ledit Receveur, toutes poursuites, pour raison de cette affaire, demeureront suspendues, et pour plus grande garantie le sieur . . . . (nom, qualité et demeure) se rend sa caution pour en remplir toutes les conditions ; entendant les parties contractantes que la présente transaction ne sera valable qu'autant qu'elle aura été acceptée par M. le Directeur de l'administration, à qui il en sera référé, et que si elle est refusée, elle ne préjudiciera en rien à leurs intérêts respectifs, lesquels rentreront dans l'état où ils se trouvaient auparavant; le tout sous la réserve de tous droits acquis à ladite administration.

Fait double audit bureau de . . . . le . . . . 18. . en avons donné lecture aux sus-dénommés qui ont signé avec nous et remis une copie au sieur. . . (le prévenu.)

Voir la note à la fin du numéro 8.

N.° 14. ACTE D'AFFIRMATION.

L'an . . le . . . à . . . heures après (ou avant) midi, devant nous (noms et prénoms) Juge-de-paix du canton de. . . sont comparus les sieurs (noms et prénoms) préposés des Douanes à . . . (si parmi les affirmans il y avait des individus étrangers à l'administration, on mettrait également leurs noms, qualités et demeures), lesquels, après lecture du procès-verbal ci-dessus, l'ont affirmé sincère et véritable dans tout son contenu. En foi de quoi nous avons dressé le présent acte qu'ils ont signé avec nous, après lecture.

Quand l'affaire est du ressort de la justice-de-paix, le procès-verbal doit être affirmé dans les 24 heures de sa clôture.

Quand elle est du ressort du tribunal correctionnel, il doit l'être dans les 3 jours au plus tard, à compter de celui où la fraude aura été constatée.

Les Receveurs étant responsables de la rédaction des procès-verbaux, ils le deviennent également de l'acte d'affirmation; ils devront donc s'assurer qu'il est libellé tel que le modèle ci-dessus, et dans le cas ou quelque Juge-de-paix s'en écarterait, ils devraient se rendre près de ce Magistrat pour y faire les corrections nécessaire, par renvois *approuvés et signés par lui et les saisissans.*

(Circulaires de la Direction N.os 45 et 115.)

[illegible]

[illegible] Nous soussignés [illegible] et résidant [illegible] M. [illegible] à l'effet d'y cher[illegible] nous avons déclaré nos qualités [illegible] en susdit [illegible] l'invitant de nous accompagner dans la visite que nous entendions faire, ce à quoi il a consenti: ayant [illegible] notre opération nous avons trouvé [illegible] sucre raffiné en pains, et cachés dans la paillasse deux ballots tissus; sommé le sieur [illegible] de nous exhiber des expéditions de Douane [illegible] entrepôt de ces marchandises, il n'en point avoir; vu sa contravention à l'article [illegible] de la loi du [illegible] avril [illegible], nous lui avons déclaré la saisie desdites marchandises, le prévenant que nous allons, en son domicile, rédiger notre procès-verbal, avec invitation d'être présent à sa rédaction.

[illegible] Douane à la vérification [illegible] desdites marchandises [illegible] pour la faire en détail, [illegible] en présence [illegible] qu'elles consistaient [illegible] nombre de pains de sucre et de pièces de tissus (en indiquant l'espèce) toutes marchandises prohibées à l'entrée, avons ensuite remis lesdits objets dans leurs enveloppes primitives [illegible]

[illegible] desdits [illegible] mesure [illegible] desdites marchandises [illegible] [illegible] les enveloppes primitives, nous les [illegible] et cachetés du cachet de l'un de nous, duquel [illegible] présent, invité [illegible]

N.° 15. **SAISIE A DOMICILE**

De marchandises prohibées à l'entrée.

(Compétence du Tribunal correctionnel.)

L'an . . . le . . , (Voir le modèle N° 2.)

Nous soussignés . . . (noms, qualités et résidences des saisissans) certifions nous être rendus accompagnés de M . . . . Maire de la commune d . . . au domicile du sieur . . . . (qualité et demeure) à l'effet d'y chercher des objets de contrebande que nous soupçonnions y être entreposés ; y étant arrivés cejourd'hui à . . . heures du . . . . nous avons déclaré nos qualités et le motif de notre présence au susdit . . . l'invitant de nous accompagner dans la visite que nous entendions faire, ce à quoi il a consenti ; ayant aussitôt commencé notre opération nous avons trouvé dans un cabinet deux sacs sucre rafiné en pains, et cachés dans la paillasse deux ballots tissus ; sommé le sieur . . . de nous exhiber des expéditions de Douanes qui autorisent l'entrepôt de ces marchandises, a dit n'en point avoir ; vu sa contravention à l'article 38 de la loi du 28 avril 1816, nous lui avons déclaré la saisie desdites marchandises, le prévenant que nous allions, en son domicile, rédiger notre procès-verbal, avec invitation d'être présent à sa rédaction,

Si la vérification se fait sur les lieux.

Comme aussi à la vérification en détail desdites marchandises, a consenti, nous avons aussitôt reconnu tant en présence du sieur.. qu'en celle de M. le Maire qu'elles consistaient ; savoir . . . (bien détailler ces objets par poids, nombre, mesure et espèce) toutes marchandises prohibées à l'entrée ; les ayant remises dans leurs enveloppes primitives, nous les avons ficelées et cachetées du cachet de l'un de nous, duquel cachet l'empreinte est en marge du présent, invité le sieur . . . à en

Si elle a lieu en Douane.

Comme aussi à la vérification en gros desdites marchandises, n'ayant pas les moyens nécessaires pour la faire en détail, a consenti, nous avons aussitôt reconnu, en sa présence et en celle de M. le Maire qu'elles consistaient ; savoir : (on se bornera en pareil cas à compter le nombre de pains de sucre et de pièces de tissus en indiquant l'espèce) toutes marchandises prohibées à l'entrée, avons ensuite remis lesdits objets dans leurs enveloppes primitives, que nous avons ficelées et ca-

faire de même, a refusé ; nous l'avons prévenu qu'après la clôture de notre procès-verbal, nous nous rendrions au bureau des Douanes de . . . dont le Receveur M . . . . en sera constitué le gardien et qu'il avait à nous y accompagner pour être présent à l'acte de dépot qui y serait dressé, a refusé . . . .
. . . .
. . . .
. . . .
. . . .

chetées du cachet de l'un de nous, duquel cachet l'empreinte est ci en marge, invité le prévenu à en faire de même, a refusé, lui avons déclaré qu'après la clôture du présent nous nous rendrions au bureau des Douanes de . . . où il aurait à nous accompagner pour y être présent, tant à la vérification détaillée qui aurait lieu, qu'à l'acte de dépôt qui serait dressé, et qu'ensuite le Receveur de cette Douane le sieur. . . . en sera constitué le gardien, a refusé.

Pour procéder aux fins du présent, rédigé de suite au domicile du sieur . . . . nous le prévenons qu'il sera cité à comparaître par-devant le tribunal correctionnel séant à . . . les jour et heure qui seront fixés par M. le Procureur du Roi près ledit tribunal, et ce, dans les formes et délais fixés par la loi, aux fins d'entendre prononcer la confiscation des marchandises saisies et se voir en outre condamner en une amende de 500 fr. (si les marchandises sont d'une valeur au-dessus, l'amende sera alors égale à leur prix en France), aux frais et dépens, par application de l'art. 41 de la loi du 28 avril 1816.

Fait et clos au domicile du sieur . . . les jour, mois et an que d'autre part à . . . heures du . . . . avons donné lecture et interprétation du présent au prévenu avec invitation de le signer, a . . . et à l'instant lui en avons remis une copie pour lui servir ce que de droit, avons signé avec M. . . Maire.

Pour l'acte de dépôt.

Pour le 1er cas. Voir le modèle 6.
Pour le 2e cas. idem. 7.

Affirmation.

Voir le modèle 14.

NOTA. En cas de saisie de tabacs, poudre à tirer et cartes à jouer. Voir les observations à la fin du modèle 32.

En cas de saisie de drilles ou chiffes, voir la note fin du N.° 16.

N.° 16. **SAISIE A DOMICILE**

De marchandises partie prohibée, partie permise à l'entrée, avec offre de main-levée.

(Compétence du tribunal correctionnel.)

L'an . . . . le . . . (voir le modèle n.° 2), nous soussignés . . . (noms, qualités et demeures des saisissans), certifions nous être rendus, accompagnés de M.... Maire de la commune de . . . au domicile du sieur . . à . . . à l'effet d'y chercher des objets de contrebande que nous soupçonnions y être entreposés; y étant arrivés ledit jour à . . heures du . . nous avons déclaré nos qualités et le motif de notre présence au maître du logis le sieur . . . l'invitant de nous accompagner dans les recherches que nous allions effectuer dans toutes les parties de sa maison ; ayant consenti, nous avons aussitôt commencé notre opération et trouvé dans une chambre à coucher, deux ballots de tissus prohibés à l'entrée, et dans la cave, un sac de café et un ballot foulards, marchandises permises à l'entrée et payant plus de 20 fr. les 100 kil.; demandé au sieur . . . s'il avait à nous présenter des expéditions de Douanes, a répondu négativement. Vu sa contravention à l'art. 38 de la loi du 28 avril 1816, nous lui avons déclaré la saisie de ces objets, et que nous allions en sa demeure, rédiger notre procès-verbal, le sommant d'être présent à toutes nos opérations, ce à quoi il a consenti; avons aussitôt reconnu, tant en sa présence qu'en celle de M. le Maire, que les marchandises saisies consistaient en

Si la vérification se fait sur les lieux.

1.° un ballot, pesant brut . . kil., renfermant 15 pièces mousseline unie; deux mesurant huit mètres de long chacune sur quatre-vingts centimètres de large; quatre mesurant chacune dix mètres de long sur quatre-vingts centimètres de large, etc.; 2.° . . . (on continuera ainsi pour le reste des marchandises); nous faisons

Si elle a lieu en Douane.

1.° un ballot renfermant quinze pièces mousseline unie; 2.° un autre ballot renfermant onze pièces mousseline brodée; 3.° un troisième ballot, quinze pièces foulards; et 4.° un sac café; n'ayant pas les moyens nécessaires pour procéder à une vérification en détail et par conséquent estimer et offrir main-levée desdits café et

offre de main-levée au sieur . . . desdits café et foulards, sous caution solvable, ou en consignant la valeur qui, de gré à gré, a été fixée à la somme de . . . .

S'il accepte.

Le cautionnement (ou la consignation) étant effectué par le prévenu, suivant acte séparé, nous laissons à sa disposition le café et les foulards, et le prévenons qu'après la clôture du présent, nous nous rendrons au bureau des Douanes à . . . . dont le Receveur M. . . . sera constitué le gardien des autres marchandises prohibées que nous avons remises dans leurs enveloppes primitives, ficelées et cachetées du cachet de l'un de nous, duquel cachet l'empreinte est ci en marge; invité à en faire de même et de nous accompagner au susdit bureau pour y être présent à l'acte de dépôt qui serait fait, a refusé.

S'il refuse.

N'ayant pas accepté, nous avons remis lesdites marchandises dans leurs enveloppes primitives que nous avons ficelées et cachetées du cachet de l'un de nous, duquel cachet l'empreinte est ci en marge; invité le prévenu à en faire de même, a refusé; l'avons prévenu qu'après la clôture du présent nous nous rendrons au bureau des Douanes de . . . dont le Receveur M. . . en sera constitué le gardien et où il aurait à être présent à l'acte de dépôt qui y serait dressé, a dit ne le pouvoir.

. . . .

. . . .

. . . .

foulards admis à la consommation, nous prévenons le sieur . . qu'après la clôture du présent nous nous rendrions avec les marchandises saisies comme dit est, au bureau de la Douane de . . . où cette opération aurait lieu, et où nous l'invitions à nous accompagner pour recevoir main-levée et être présent à l'acte de dépôt qui y serait fait des marchandises prohibées et desquelles le Receveur de cette douane le sieur. . . sera constitué le gardien, a accepté; nous avons immédiatement remis les susdits objets dans leurs enveloppes primitives, ficelés et cachetés du cachet de l'un de nous, duquel cachet l'empreinte est en marge du présent; invité le sieur. . . à y apposer le sien, a consenti, ou a dit n'en point avoir. . . .

. . . .

. . . .

. . . .

. . . .

. . . .

Pour procéder etc. . . . comme au modèle 15.

—

Pour l'acte de dépôt	pour le 2 1ers cas,	le modèle	5.
	pour le 3e cas,	le modèle	4.
Pour l'acte de cautionnement.	en Douane,	le modèle	11.
	à domicile	idem.	10.
Pour l'acte de consignation	en Douane,	idem.	8.
	à domicile,	idem.	9.
Pour l'affirmation,		voir le modèle	14.

—

Nota. En cas de saisie de tabacs, de poudre à tirer et de cartes à jouer, voir les observations qui se trouvent à la fin du N.° 32.

Si toutefois on trouvait des drilles ou chiffes et que le propriétaire ne puisse présenter un acquit-à-caution, l'affaire sera de la compétence du Juge-de-paix, le modèle ci-dessus pourra servir, sauf de légers changemens et en concluant aux peines édictées par le titre 5, art. 3 de la loi du 22 août 1791, (saisie des marchandises et amende de 500 fr.) par application de la loi du 23 avril 1793, art. 2 et 3.) On devra en agir de même toutes les fois qu'il y aura lieu de saisir toutes espèces de marchandises frappées de prohibition à la sortie.

N.° 17. SAISIE EN CAMPAGNE

De marchandises prohibées à l'entrée ou payant plus de 20 fr. les 0/0 kil. sur inconnus.

(Compétence du tribunal correctionnel.)

L'an . . . . le . . . . (voir le modèle n.° 2), nous soussignés . . . (noms, qualités et demeures des saisissans), certifions qu'étant cejourd'hui, vers . . . heures du . . . en surveillance à . . . (indiquer l'endroit) à... kilom. de notre poste et à... kilom. de l'étranger, nous avons vu venir de ce côté, se dirigeant vers l'intérieur, une bande de . . . hommes chargés; voulant nous approcher d'eux pour nous assurer de ce qu'ils portaient, ils ont aussitôt pris la fuite en abandonnant leurs chargemens et sans qu'ils nous eût été possible de les atteindre: revenus sur le lieu de l'attaque, nous avons trouvé . . . ballots, qu'au tact nous avons reconnus renfermer des marchandises prohibées à l'entrée (ou payant plus de 20 fr. les 0/0 kil.). Vu leur contravention à l'art. 41 de la loi du 28 avril 1816, nous avons déclaré la saisie desdites marchandises aux prévenus fugitifs, les prévenant que nous allions nous rendre au bureau des Douanes de . . . où nous les sommions de s'y trouver pour être présens à toutes nos opérations; y étant arrivés ledit jour à . . . heures du . . . nous avons reconnu en présence de M. . . . Receveur, et en l'absence des prévenus, que l'objet de notre saisie consistait en . . . (détailler les marchandises par poids, nombre, mesure et espèce): avons remis lesdites marchandises dans leurs enveloppes primitives, ficelées et cachetées du cachet de l'un de nous, duquel cachet l'empreinte est ci en marge, et en cet état laissées à la charge du susdit Receveur qui s'en est constitué le gardien. Pour procéder aux fins du présent, rédigé de suite, nous Employés sus-dénommés, déclarons que le présent sera remis ès mains de M. le Procureur du Roi, près le tribunal correctionnel de . . . qui fera citer les . . prévenus fugitifs, dans le cas où ils viendraient à être connus, dans les formes et délai fixés par la loi, à comparaître par devant ledit tribunal pour s'y entendre condamner aux peines édictées.

Par moins de trois hommes.	*Par trois à six inclusivement.*	*Par trois à cheval et plus de sept à pied.*
Par les art. 41, 42 et 43 de la loi du 28 avril 1816, aux frais et dépens.	Par les art. 41, 42 et 44 de la loi du 28 avril 1816, aux frais et dépens.	Par l'art. 51 de la loi du 28 avril 1816, etc.

Fait et clos audit bureau de . . . les jour, mois et an que dessus, à . . . heures du . . . Vu l'absence des prévenus, nous en avons immédiatement affiché une copie à la porte extérieure de ce bureau.

—

Pour l'affirmation. Voir le modèle 14.

Nota. Si cette fraude se fait au moyen de voiture, etc., on devra consulter le N.° 19, 2.e partie.

N.° 18. SAISIE EN CAMPAGNE

De marchandises prohibées à l'entrée, ou payant plus de 20 fr. les o/o kil., avec arrestation.

(Compétence du tribunal correctionnel.)

—

L'an . . . le . . . (voir le modèle n.° 2), nous soussignés . . . (noms, qualités et demeures des saisissans,) certifions qu'étant cejourd'hui, à . . . heures du . . . en service à . . . (indiquer le lieu), à . . . kilom. de notre poste et à . . . kilom. de l'étranger, nous avons vu venir de ce côté, faisant route sur l'intérieur, une bande de . . . hommes chargés ; voulant les approcher pour nous assurer de ce qu'ils portaient, ils ont aussitôt pris la fuite en abandonnant leurs chargemens. Etant parvenus à arrêter deux des porteurs et revenus sur le lieu de l'attaque, nous avons trouvé . . . charges (ou ballots), qu'au tact nous avons reconnus renfermer des marchandises prohibées à l'entrée (ou payant plus de 20 fr. les o/o kil.). Les prévenus arrêtés n'ayant aucune expédition de Douanes à nous présenter, nous leur avons fait observer que se trouvant, ainsi que leurs consorts, en contravention à l'art. 41 de la loi du 28 avril 1816, nous leur déclarions la saisie des marchandises, les prévenant que nous allions nous rendre au bureau des Douanes à . . . . où ils auraient à être présens à toutes nos opérations ; arrivés audit bureau cejourd'hui à . . . . heures du . . . nous avons reconnu, en présence du Receveur, en celle des deux prévenus arrêtés et en l'absence des fugitifs que les marchandises saisies à leur préjudice consistaient en . . . (par poids, nombre, mesure et espèce) ; après les avoir remises dans leurs enveloppes primitives, nous les avons ficelées et cachetées du cachet de l'un de nous, duquel cachet l'empreinte est ci en marge, et en cet état laissées à la charge de M. . . . Receveur qui s'en est constitué le gardien.

Sommés les deux prévenus de nous décliner leurs noms, qualités et demeures, ceux de leurs consorts, et pour le compte de qui ils portaient ces marchandises, ont répondu . . . .

(Si l'on trouvait sur eux, ou dans les ballots, des factures ou autres papiers ayant rapport à l'affaire, on devra s'en emparer, en faire mention au procès-verbal et les y annexer, après les avoir signés et paraphés, les prévenus seront invités à en faire de même et il sera fait mention de leur réponse.)

Pour procéder aux fins du présent, rédigé de suite, nous Employés sus-dénommés déclarons, auxdits sieurs . . . . que le présent sera remis entre les mains de M. le Procureur du Roi, près le tribunal correctionnel séant à . . . . qu'ils seront cités à comparaître par-devant ledit tribunal les jour et heure qui seront fixés par ce magistrat et ce, dans les formes et délai fixés par la loi, ainsi que leurs consorts fugitifs dans le cas où ils viendraient à être connus, aux fins d'entendre prononcer la confiscation des marchandises saisies à leur préjudice et se voir en outre condamner,

Si l'importation est faite par moins de trois individus.	*Si elle est faite par trois à six inclusivement.*	*Par trois à cheval ou sept à pied et au-dessus.*
En l'amende de 500 fr. et en un emprisonnement de 3 jours à un mois, aux frais et dépens, par application des art. 41, 42 et 43 de la loi du 28 avril 1816.	En l'amende de 500 fr. et en un emprisonnement de 3 mois à un an, aux frais et dépens, le tout par application des art. 41, 42 et 44 de la loi du 28 avril 1816.	En l'amende de 1000 fr. et un emprisonnement de 6 mois à 3 ans, aux frais et dépens, par application de l'art. 51 de la loi du 28 avril 1816.

(Dans les deux premiers cas, si les marchandises sont d'une valeur au-dessus de 500 fr. l'amende sera alors égale à leur estimation; dans le 3e cas l'amende sera du double si la valeur dépasse 1000 fr.

Fait et clos au bureau de . . . les jour, mois et an que dessus à . . . heures du . . . avons donné lecture et interprétation du présent aux sieurs . . . avec invitation de le signer ont . . . et à l'instant remis à chacun une copie. Vu l'absence des autres prévenus, nous avons immédiatement affiché une copie à la porte extérieure de ce bureau.

Dans le cas de responsabilité civile.

L'on ajoutera aux conclusions après les mots « *se voir en outre condamner en l'amende de* . . » solidairement avec le sieur . . (son père ou son maître) comme civilement responsable des faits de son enfant, ou de son domestique, conformément à l'article 1384 du code civil ; puis l'on continuera comme d'autre part.

NOTA. Si la fraude se fait avec moyens de transport, l'on consultera le N.° 19, 2e partie.

Pour l'affirmation. Voir le N.° 14.

N.° 19. SAISIE A L'EXPORTATION

De marchandises prohibées.

(Compétence du Juge-de-paix.)

—

L'an . . . le . . . (Voir le modèle N.° 1.)

Nous soussignés . . . . (noms, qualités et demeures des saisissans), certifions qu'étant cejourd'hui, à . . . heures du . . . en surveillance à . . (indiquer le lieu) à . . . kilom. de l'étranger et à . . . kilom. de notre poste, nous avons vu venir du côté de . . . faisant route vers la frontière en suivant tel ou tel chemin et évitant par là le bureau de. . . .

Sur porteurs.

Quatre hommes porteurs chacun d'un ballot; les ayant approchés et déclaration de nos qualités, nous les avons sommés de nous exhiber une expédition de Douanes qui autorise le transport de ces marchandises, ont répondu négativement, ou nous ont présenté un passavant sous le n.° . . délivré le . . . . au bureau des Douanes de . . . . en tout conforme à leur chargement; mais nous leur avons fait observer qu'étant tenus de suivre telle ou telle route pour se rendre à leur destination, et que par le fait d'avoir pris un tout autre chemin qui n'a d'autre débouché qu'avec l'étranger, nous devions en conclure qu'ils étaient intentionnés d'exporter ces marchandises prohibées à la sortie par la loi du . . . . . qu'en conséquence,

Avec moyens de transport.

Une voiture attelée de deux chevaux et conduite par un individu à nous inconnu, nous étant approchés de lui, et déclaration de nos qualités, nous l'avons sommé de nous exhiber une expédition de Douanes pour le transport des marchandises chargées sur sa voiture, a répondu . . . (comme ci-contre) . . . .

. . . .

Vu sa contravention à l'art. 5, titre 3 de la loi du 22 août 1791, nous lui avons déclaré la saisie de ces marchandises ainsi que des moyens de transport, et que nous allions immédiatement nous rendre au bureau des Douanes à . . . où nous le sommions de nous accompagner pour y être présent à toutes nos opérations (1), a con-

(1) En pareil cas il n'y a pas lieu à arrestation, si le prévenu, au moment de l'affaire, est suffisamment connu des saisissans, on le laissera en liberté, après toutefois l'avoir invité de se rendre au bureau, pour être présent à la rédaction du procès-verbal etc.; ce n'est que dans la supposition qu'il soit inconnu, qu'on doit l'y contraindre.

vu leur contravention à l'art. 5, titre 3 de la loi du 22 août 1791, nous leur en déclarions la saisie, les sommant de se rendre avec nous au bureau de la Douane de . . . . pour y être présens à toutes nos opérations (1), ont consenti, ou refusé ; y arrivés ledit jour à . . heures du . . . nous avons interpellé les prévenus de nous déclarer leurs noms, prénoms, qualités et demeures, et pour le compte de qui étaient les marchandises qu'ils portaient, ont répondu . . . . (Si l'on trouvait sur eux des factures ou autres papiers ayant rapport à ces marchandises, on devra s'en emparer, en faire mention et les annexer au procès-verbal avec l'expédition de Douanes ; le tout, signé et paraphé par les saisissans et la partie ; si elle s'y refuse, on le mentionnera.) Passant ensuite à la description de l'objet de notre saisie, nous avons reconnu en présence du Receveur et en celle des prévenus sus-nommés que les marchandises consistaient en . . . (par poids, nombre, mesure et espèce), les avons remises dans leurs enveloppes primitives, ficelées et cachetées du cachet de l'un de nous, duquel cachet l'empreinte est ci en marge, et en cet état laissées à la charge de M. . . Receveur, qui s'en est constitué le gardien.

senti, y arrivés ledit jour à . . . heures du . . . nous avons invité le prévenu de nous décliner ses noms, profession et demeure, et pour le compte de qui étaient ces marchandises, a répondu . . . . (comme ci-contre)

. . . .

. . . .

Passant ensuite à la description de l'objet de notre saisie, nous avons reconnu, en présence du Receveur et en celle du sieur. . . que les marchandises consistaient en . . . . (comme ci-contre) et les moyens de transport en . . . (indiquer le signalement et la valeur approximative des chevaux et de la voiture) ; avons remis les marchandises dans leurs enveloppes primitives, ficelées et cachetées du cachet de l'un de nous, duquel cachet l'empreinte est en marge du présent, et en cet état laissées à la charge de M. . . . . Receveur qui s'en est constitué le gardien ainsi que de la voiture ; les chevaux ont aussitôt été mis en fourrière chez le sieur . . . . . . (qualité et demeure) suivant acte séparé . . . .

. . . .

. . . .

Pour procéder aux fins de notre rapport, rédigé de suite, nous sus-dénommés, assignons par le présent, en vertu de l'art. 18 du titre 13 de la loi du 22 août 1791, le sieur . . . . à comparaître (dans les 24 heures de la clôture) demain à . . heures du . . . . par-devant M. le Juge-de-paix du canton de. . . . . en son audience ordinaire, pour y entendre prononcer la confiscation des marchandises saisies par nous, ainsi que des moyens de transport, et se voir en outre condamner en l'amende de 500 fr., aux frais et dépens, en conformité de la loi précitée, titre 5, art. 3, par application de l'art 1er, avons donné lecture et interprétation du présent au sieur . . . avec invitation de le signer a . . et à l'instant lui en avons délivré une copie pour notification et citation.(2)

Fait et clos au bureau de . . . les jour, mois et an que dessus à . . . heures du . .

—

Pour la mise en fourrière. Voir le modèle 12.
Pour l'affirmation. Idem. 14.

—

NOTA. En cas de responsabilité civile, voir la note à la fin du modèle 18.

(2) Si le prevenu est absent, on prendra pour guide la fin du modèle 17.

N.° 20. SAISIE A L'EXPORTATION

De marchandises sujettes aux droits.

(Compétence du Juge-de-paix.)

L'an . . . . le , . . . (Voir le modèle N.° 1.)

Nous soussignés . . . . (noms, qualités et demeures des saisissans), certifions qu'étant cejourd'hui à ....heures du. . . . en service à . . . . (indiquer le lieu) à . . . à . . . kilom. de notre poste et à . . . kilom. de l'extrême frontière, nous avons vu quatre hommes chargés venant du côté de . . . . se dirigeant vers l'étranger ; nous en étant approchés et déclaration de nos qualités, nous les avons sommés de nous exhiber une expédition des Douanes pour le transport des marchandises dont ils étaient porteurs, ont répondu n'en point avoir (ou en ont présenté une; en ce cas on consultera le modèle 19 1re partie) nous leur avons fait observer que faute d'en être pourvu et de suivre un chemin qui n'a d'autre débouché qu'avec l'étranger, (1) nous devions en conclure qu'ils étaient intentionnés d'exporter ces marchandises et de frauder les droits dont elles sont frappées par la

---

(1) Bien indiquer le chemin que suivaient les individus, au moment de l'affaire, afin de pouvoir fixer s'ils étaient intentionnés d'exporter les marchandises; car dans le cas contraire il faudra saisir à la circulation, ce qui entraîne la confiscation des marchandises, et en une amende de 100 fr. seulement, par application de la loi du 22 août 1791, titre 3, art. 15.

Quand il y aura des moyens de transport, comme il n'y a pas lieu de les saisir, le procès-verbal fera mention que la remise en a été faite.

Si le voiturier était fugitif, on devra procéder à la description des moyens de transport et mentionner au procés-verbal que, vu l'absence du prévenu, ils seront retenus pour sûreté de l'amende : en ce cas, qui est très-rare, mais qui peut cependant se présenter, si le prévenu ne se trouve à l'audience, le Receveur défenseur demandera, séance tenante, l'autorisation de procéder à leur vente. (Voir le modèle 23).

Si le prévenu, au moment de la saisie, est connu des employés, ils pourront le laisser en liberté, après toutefois l'avoir invité de se rendre à la Douane. (Voir le modèle 23.)

loi du . . . . qu'en conséquence, vu leur contravention à la loi du 4 germinal an 2, titre 3, art. 4, nous leur en déclarions la saisie et les invitions de nous accompagner au bureau des Douanes à. . . . pour y être présens à toutes nos opérations; sur ce ils ont pris la fuite: étant parvenus à arrêter un des porteurs nous nous sommes aussitôt rendus au bureau susdit où nous sommes arrivés cejourd'hui à . . . heures du . . . . et avons reconnu en présence du Receveur, en celle du prévenu et en l'absence de ses consorts que les marchandises saisies à leur préjudice consistaient en . . . (détailler les objets par poids, nombre, mesure et espèce) les avons ensuite remises dans leurs enveloppes primitives que nous avons ficelées et cachetées du cachet de l'un de nous, duquel cachet l'empreinte est en marge du présent et en cet état laissées à la charge du susdit Receveur qui s'en est constitué le gardien. Interpellé le prévenu de nous décliner ses noms, profession et demeure, comme aussi ceux de ses consorts et des propriétaires de ces marchandises, a déclaré . . . . (Comme au modèle 19.)

Pour procéder aux fins de notre rapport, rédigé de suite, nous assignons, par le présent, le sieur . . . . . ainsi que ses consorts fugitifs, en vertu de l'art. 18 du titre 13 de la loi du 22 août 1791, à comparaître demain (dans les 24 heures de la clôture) à . . . heures du . . . . par-devant M. le Juge-de-Paix du canton de . . . en son audience ordinaire, pour y entendre prononcer la confiscation des marchandises saisies et s'y voir condamner en une amende de 200 fr., conformément à la loi du 4 germinal an 2 précitée, aux frais et dépens. Avons donné lecture et interprétation de notre rapport audit . . . avec sommation de le signer a . . . et de suite lui en avons remis une copie et affiché une autre à la porte extérieure de ce bureau pour notification et citation aux prévenus fugitifs.

Fait et clos au bureau de . . . les jour, mois et an que dessus, à . . . heures du . . .

Pour l'affirmation. Voir le N.° 14.

En cas de responsabilité civile. Voir la fin du N.° 18.

N.° 21. SAISIE A LA CIRCULATION

De marchandises prohibées à l'entrée ou payant plus de 20 fr. les 0/0 kil.

(Compétence du Tribunal correctionnel.)

Il y a contravention à l'art. 38 de la loi du 28 avril 1816. Cette affaire doit être traitée comme importation; suivant le cas, avoir recours aux modèles 17 et 18 et au N.° 19, s'il y a des moyens de transport.

N.° 22. SAISIE A LA CIRCULATION

De marchandises prohibées à la sortie.

(Compétence du Juge-de-paix.)

Cette affaire doit être traitée comme s'il s'agissait d'exportation. En ce cas, on aura recours au N.° 19, qui pourra servir, sauf de légers changemens.

N.° 23. SAISIE A LA CIRCULATION

De marchandises payant moins de 20 fr. les 100 kil. à l'entrée ou assujetties à un droit quelconque à la sortie.

(Compétence du Juge-de-paix.)

L'an . . . le . . . (Voir le modèle N.° 1)

Nous soussignés . . . (noms, qualités et demeures des saisissans), certifions qu'étant en service près du village de . . . à . . . kilom. de notre poste, et à . . . kilom. de l'étranger, nous avons vu cejourd'hui, vers ... heures du . . . . venir du côté de . . . se dirigeant sur . . . par tel ou tel chemin, deux hommes portant chacun un ballot (ou une voiture attelée d'un cheval); nous en étant approchés, et leur ayant déclaré nos qualités, nous les avons sommés de nous dire ce qu'ils renfermaient et s'ils avaient une expédition qui en autorise la circulation.

Sur porteurs

Avec expédition.

Ils nous ont aussitôt présenté un passavant sous le N.° . . délivré au bureau des Douanes de . . . le . . . Nous leur avons fait observer : 1.° que l'expédition était périmée de . . . heures; 2.° qu'ils ne suivaient nullement le chemin indiqué; et 3.° qu'ils avaient dépassé le bureau de . . . . sans remplir l'obligation de le faire viser; que se trouvant dès-lors en contravention à la loi du 22 août 1791, titre 3, art. 16, nous leur déclarions la saisie de ces marchandises . . . .

Sans expédition.

Ont dit n'en point avoir. Vu leur contravention à la loi du 22 août 1791, titre 3, art. 15, nous leur avons déclaré la saisie de ces marchandises . . . .

Avec moyens de transport.

Ils nous ont aussitôt présenté un passavant (comme au 1er cas), ou ont dit n'en point avoir (comme au 2e cas.) Vu leur contravention à la loi du 22 août 1791, titre 3, art. 15 ou 16. (Voir ci-contre.) Nous leur avons déclaré la saisie desdites marchandises, les prévenant que nous allions nous rendre au bureau de . . . avec invitation de nous y accompagner pour être présens à toutes nos opérations.

Si la partie est présente.

Ayant consenti, nous y sommes arrivés ledit jour à . . heures du . . . interpellés de nous décliner leurs noms, professions, etc. (comme ci-contre). Passant à la description de

Si elle est absente.

Les prévenus ont aussitôt pris la fuite, (ou ont refusé, en ce cas, consulter la note à la fin du N.° 20.) Arrivés au susdit bureau cejourd'hui à . . . . . heures du . . . . . Nous avons reconnus en

avec sommation de nous accompagner au bureau des Douanes de . . . . pour y être présens à toutes nos opérations, ont consenti ; y étant arrivés ledit jour à . . . heures du . . . nous les avons invités de nous décliner leurs noms, professions et demeures, d'où ils venaient et où ils étaient intentionnés d'aller ; ont répondu . . . . (comme au modèle 19). Passant à la description de l'objet de notre saisie, nous avons reconnu, tant en présence du Receveur qu'en celle des sieurs . . . que les marchandises consistaient en . . . . (par poids, nombre, mesure et espèce), tarifées à un droit de . . à l'entrée ou à la sortie, par la loi du . . . . les avons remises dans leurs enveloppes primitives, ficelées et cachetées du cachet de l'un de nous, duquel cachet l'empreinte est ci en marge, et en cet état laissées à la charge de M. . . qui s'en est constitué le gardien.

. . . .

l'objet de notre saisie, nous avons reconnu en présence du Receveur et en celle des sieurs . . . . . que les marchandises consistaient en . . (comme ci-contre); les avons remises dans leurs enveloppes primitives, ficelées et cachetées du cachet de l'un de nous, duquel cachet l'empreinte est en marge du présent, et en cet état laissées à la charge de M. . . Receveur, qui s'en est constitué le gardien : avons aussitôt fait remise au sieur . . . . . des moyens de transport. . . . . .

. . . .

présence du Receveur et en l'absence des prévenus, que les marchandises consistaient en . . (par poids, nombre, mesure et espèce); tarifées à l'entrée ou à la sortie, à un droit de . . . par la loi du . . . et que les moyens de transport qui, vu la fuite ou l'absence des prévenus, seront retenus pour sûretés de l'amende, consistaient en . . . (indiquer le signalement et la valeur de la voiture et des chevaux) les marchandises ont été remises dans leurs enveloppes primitives que nous avons ficelées et cachetées du cachet de l'un de nous, duquel cachet l'empreinte est ci en marge, et en cet état les avons laissées à la charge de M . . . Receveur, qui s'en est constitué le gardien, ainsi que de la voiture ; les chevaux ont été mis en fourrière chez le S[r]. (nom, qualité et demeure) suivant prix convenu et acte séparé. . . . .

Pour procéder aux fins du présent rédigé de suite, nous employés sus-dénommés.

Si la partie est présente.

Assignons les sieurs . . . en vertu de l'art 18 du titre 13 de la loi du 22 août 1791, à comparaître (dans les 24 heures de la clôture) demain à . . . heures du . . . . par-devant M. le Juge-de-paix du canton de . . . en son audience ordinaire, pour y entendre prononcer la confiscation des mar-

Si elle est absente.

Assignons les prévenus fugitifs en vertu du titre 13, art. 18, de la loi du 22 août 1791, à comparaître (dans les 24 heures de la clôture) demain à . . . . heures du . . . par-devant M. le Juge-de-paix du canton de . . . . en son audience ordinaire, aux fins d'y entendre prononcer la con-

chandises saisies, et s'y voir condamner en l'amende de 100 fr., aux frais et dépens, par application de la loi du 22 août 1791, titre 3, art. 15. Avons donné lecture et interprétation du présent aux sieurs . . . avec invitation de le signer, ont . . . . et à l'instant remis à chacun une copie. . . . .

fiscation des marchandises saisies, s'y voir condamner en l'amende de 100 fr., par application de la loi du 22 août 1791, titre 3, art. 15, aux frais et dépens, et à la retenue des moyens de transport pour sûreté de l'amende encourue. Vu l'absence des prévenus, quoique sommés d'être présens, nous avons immédiatement affiché une copie de notre procès-verbal à la porte extérieure de ce bureau pour notification et citation. . . . .

Fait et clos en la susdite Douane les jour, mois et an que dessus à . . . heures du . . . .

Pour la mise en fourrière. Voir le modèle 12.
Pour l'affirmation. idem. 14.

Nota. Il ne faut pas confondre les saisies faites à la *circulation*, à *l'importation*, à *l'exportation* de marchandises tarifées (à l'exception de celles, bien entendu, payant plus de 20 fr. les 0[0 kilog. à l'entrée) et celles opérées pour avoir *dépassé un bureau sans permis*.

Pour que les employés évitent de faire une fausse application de la loi, je vais expliquer les différens cas.

A LA CIRCULATION — On entend par-là les marchandises qui sont rencontrées entre les deux lignes, sans expédition, ou avec expédition contraire (loi du 22 août 1791, titre 3, art. 15) ce qui entraîne la confiscation des marchandises avec amende de 100 fr., ou si, étant rencontrées, même avec expédition régulière, entre le coucher et le lever du soleil, à moins qu'elle n'en porte la permission (même peine ; on invoque en ce cas la loi du 22 thermidor an 10, art 8.)

A L'IMPORTATION — Celles que les Employés verront venir du côté de l'étranger et suivre un chemin autre que celui qui conduit au 1er bureau d'entrée; confiscation des marchandises et amende de 200 fr. (4 germinal an 2, titre 3, art. 4.)

A L'EXPORTATION. — Celles rencontrées faisant route vers l'étranger et évitant le bureau de sortie ; confiscation des marchandises et amende de 200 fr. (4 germinal an 2, art 4.)

AYANT DÉPASSÉ LE BUREAU SANS PERMIS — Celles qui sont rencontrées ayant passé le bureau sans avoir fait de déclaration. Confiscation des marchandises et amende de 200 fr. (4 germinal an 2, art. 5.)

Les Employés sentiront qu'il est de leur devoir de bien spécifier dans le procès-verbal le chemin et la direction que suivaient ces individus, afin de saisir avec connaissance de cause.

En cas de responsabilité civile. Voir la note à la fin du N.º 18.

N.° 24. SAISIE A L'IMPORTATION

De marchandises payant moins de 20 fr. les 100 kil. ou de toutes autres payant par tête, ou à la valeur.

(Compétence du Juge-de-paix.)

L'an . . . . le . . . . . (Voir le modèle N.° 1.)

Nous soussignés . . . . (noms, qualités et demeures des saisissans), certifions qu'étant cejourd'hui en service à . . . . (indiquer le lieu) à . . . . kilom. de l'étranger et à . . . kilom. de notre poste, nous avons vu venir du côté de la frontière et se diriger sur l'intérieur, à . . heures du . . . deux hommes chargés (si toutefois il y a des moyens de transport on consultera le modèle 23), nous étant approchés d'eux pour nous assurer de ce qu'ils portaient et leur ayant déclaré nos qualités, nous les avons sommés de nous dire ce que renfermaient ces deux ballots et s'ils avaient une expédition de Douanes à nous présenter qui autorise le transport de ces marchandises, sur leur réponse négative (dans le cas où ils en seraient pourvu on consultera le N.° 23, car il est arrivé nombre de fois que des individus ont fait double emploi d'un acquit de paiement etc.) nous leur avons fait observer que se trouvant dépourvu de toute pièce justificative et que suivant un chemin évitant le bureau des Douanes de . . . . nous devions en conclure qu'ils étaient intentionnés de frauder les droits dont ces marchandises sont frappées par la loi du . . . . et que vu leur contravention à la loi du 4 germinal an 2, titre 3, art. 4, nous leur en déclarions la saisie, les prévenant que nous allions nous rendre au bureau des Douanes de . . . . où nous les sommions de nous accompagner pour y être présens à toutes nos opérations, ce à quoi ils ont adhéré (dans le cas contraire voir le N.° 23); y étant arrivés ledit jour à . . . heures du . . nous les avons interpellés de nous décliner leurs noms, qualités et demeures et pour le compte de qui étaient ces marchandises, ont répondu . . . . (comme au modèle 19). Passant à la description de l'objet de notre saisie, nous avons reconnu en présence de M . . . . Receveur, et en celle des sieurs . . . . que les ballots renfermaient . . . . (bien détailler par nombre, mesure, poids et espèce) les avons ensuite remises dans leurs enveloppes primitives, ficelées et cachetées du cachet de l'un de nous, duquel cachet l'empreinte est en marge du présent, et en cet état laissées à la charge du susdit Receveur qui s'en est constitué le gardien.

Pour procéder aux fins du présent, rédigé de suite, etc. . . . (comme au modèle 20.)

1° Dans le cas de saisie avec moyens de transport.
2° Si les prévenus sont fugitifs en pareil cas.
3° Si au moment de l'affaire les prévenus sont connus des saisissans, etc.

} voir le modèle 23.

NOTA. En cas de responsabilité civile, voir la note N.° 18.

N.° 25. SAISIE DANS L'INTÉRIEUR.

(Compétence du Tribunal correctionnel.)

L'an . . . . le . . . . (Voir le modèle N.° 2.)

Nous soussignés . . . . (noms, qualités et demeures des saisissans), certifions qu'étant informés qu'il existait à . . . . arrondissement de . . . . département de . . . un entrepôt de marchandises de la classe de celles désignées en l'art. 59 de la loi du 28 avril 1816, nous nous sommes transportés, accompagnés de M. . . . Juge-de-paix, Maire ou Adjoint de ladite commune, au domicile du sieur . . . . (noms et qualité) lui ayant déclaré nos qualités et le motif de notre présence, nous l'avons invité d'être présent aux recherches que nous allions effectuer dans toutes les parties de sa maison ; ayant consenti nous avons aussitôt commencé notre opération et trouvé dans une chambre au rez-de-chaussée deux ballots et dans la cuisine, cachée sous du bois, une caisse. Ouverture faite de ces objets nous avons reconnu en présence dudit . . . . et en celle de M . . . . Maire, que les marchandises y renfermées étaient toutes de la classe de celles prohibées à l'entrée et mentionnées en l'art. 59 précitée. Vu sa contravention à la susdite loi nous lui en avons déclaré la saisie. Procédant à la vérification de ces marchandises il a été constaté, en présence des sus-nommés, qu'elles consistaient 1.° en un ballot marqué A, du poids net de . . . kilog. renfermant 10 pièces mousseline brodée; 2 mesurant chacune quinze mètres de long sur quarante centimètres de large, etc., portant les N.os . . . (On devra continuer ainsi pour les autres ballots en ayant soin de numéroter chaque pièce, lequel N.° devra correspondre à l'échantillon qu'on devra prélever ; s'il s'agit de mouchoirs on prélèvera un mouchoir, si au contraire il s'agit de cotons filés, de tulle et de bonneterie, on se dispensera de lever des échantillons, attendu que le tout doit être envoyé à

Paris (1); en pareil cas on désignera le poids net de ces marchandises, le nombre de paquets, et le degré de qualité de chaque pièce ou paquet de cotons filés ou de tulle), avons ensuite prélevé un échantillon de chaque pièce de ces marchandises, lesquels échantillons numérotés et en rapport avec les pièces auxquelles ils appartiennent ont aussitôt été mis sous enveloppes, ficelées et cachetées du cachet de l'un de nous. duquel cachet l'empreinte est en marge du présent; invité le prévenu à en faire autant à . . . avons également apposé le même cachet sur les deux ballots et la caisse après y avoir remis les marchandises qu'ils renfermaient, lesquelles, après la clôture du présent, seront transportées au bureau des Douanes de . . . . dont le Receveur M. . . . en sera constitué le gardien.

Pour procéder aux fins du présent, rédigé de suite au domicile du sieur . . . . nous lui déclarons que le paquet d'échantillons au nombre de quatre liasses, l'une de deux échantillons cravattes, la deuxième de. . . . . etc., sera adressé, avec le présent acte, à M. le Directeur de l'Administration, pour être soumis à l'examen du jury, et qu'après la décision qui interviendra, les poursuites seront dirigées, s'il y a lieu, contre lui, par M. le Procureur du Roi du tribunal correctionnel séant à . . . . (celui du lieu où le dépôt aura lieu) pour encourir, suivant le cas, les peines prononcées par l'un des articles 42, 43 ou 44 de la loi du 21 avril 1818.

Fait et clos le présent procès-verbal en la demeure du sus-nommé, les jour, mois et an que d'autre part à . . heures du . . . . en avons donné lecture au sieur . . qui a signé avec nous et M. le Maire et de suite lui en avons remis une copie.

Nota. Tout procès-verbal rédigé en vertu du titre 6 de la loi du 28 avril 1816, n'est point assujetti aux formalités imposées par la loi du 9 floréal an 7.

---

(1) Il faudra avoir soin d'indiquer si les marchandises sont dépourvues de la marque de fabrique et d'origine.

Acte de dépôt en Douane. Si la description se fait sur les lieux, voir le N.° 6.

Si la description en détail ne peut se faire sur les lieux, voir le N.° 4; en ce cas on ne devra pas se dispenser de prélever des échantillons qui devront être numérotés, mis en un paquet ficelé et cacheté, comme cela est indiqué au procès-verbal.

N.° 26. SAISIE AVEC ATTROUPEMENT ET RÉBELLION.

(Compétence du Tribunal correctionnel.)

—

L'an . . . . le . . . . (Voir le modèle N.° 1).

Nous soussignés . . . . (noms, qualités et demeures des saisissans), certifions qu'étant en service (indiquer le lieu, la distance du poste et de l'étranger) nous avons vu cejourd'hui, vers . . heures du . . venir du côté de l'étranger et se diriger sur l'intérieur, une bande de . . . hommes chargés et tous armés de gros bâtons (ou de toutes autres armes), déclaration de nos qualités, nous nous sommes approchés d'eux pour nous assurer ce que contenaient les ballots dont ils étaient porteurs; ils se sont aussitôt précipités sur nous en nous injuriant et en nous frappant de leurs bâtons. (On désignera ici les Préposés qui auront été blessés et la nature de leurs blessures qui seront immédiatement constatées par certificat de médecin; on mentionnera avec la plus grande précision les incidens qui surviendront, si les Employés, pour leur légitime défense, ont fait usage de leurs armes et s'il y a eu des contrebandiers de tués ou de blessés, s'ils en ont connu ou arrêté, puis on continuera comme il suit); ayant reconnu que ces ballots au nombre de . . . renfermaient tous des marchandises prohibées à l'entrée (ou payant plus de 20 fr. les 0/0 kil.), nous avons fait observer tant aux prévenus arrêtés qu'à leurs consorts fugitifs, que se trouvant en contravention à la loi du 28 avril 1816, nous leur déclarions la saisie desdites marchandises et que nous allions nous rendre au bureau des Douanes de . . . . où ils auraient à être présens à toutes nos opérations; ayant fait de nouvelles recherches sur le lieu de l'attaque, nous avons ramassé quatre bâtons etc.; desquels ils s'étaient servis contre nous. Arrivés au bureau sus-nommé cejourd'hui à . . . heures du . . . nous avons interpellé les . . . . prévenus arrêtés de nous décliner leurs noms, professions et demeures, ceux de leurs consorts fugitifs, et pour le compte de qui étaient ces marchandises, ont répondu . . . . . . (Si l'on trouvait sur eux des factures ou autres papiers ayant rapport à ces marchandises, on devra s'en emparer, en faire mention et les annexer au procès-verbal, le tout signé et paraphé *ne varietur* par les saisissans et les prévenus; s'ils refusent on le mentionnera.) Passant à la description de l'objet de notre saisie, nous avons reconnu, en présence du Receveur, en celle des sieurs . . . . et en l'absence de leurs consorts, que les marchandises consistaient en . . . (bien détailler, ballot par ballot, par poids, nombre de pièces, mesure et espèce); plus quatre bâtons ferrés, etc., toutes armes défendues par la loi du 13 floréal an 11, art. 3. Avons ensuite remis lesdites marchandises dans leurs enveloppes primitives, ficelées et cachetées du cachet de l'un de nous, ainsi que les armes susdites, duquel cachet l'empreinte est en marge du présent, et en cet état laissées à la charge de M. . . . Receveur, qui s'en est constitué le gardien.

Pour procéder aux fins du présent, rédigé de suite, nous prévenons lesdits sieurs . . . . qu'ils seront traduits par-devant M. le Procureur du Roi, près le tribunal correctionnel séant à . . . . auquel le présent sera remis et qui fixera les jour et heure où la cause sera appelée : que la citation à comparaître par-devant ledit tribunal leur sera signifiée dans les formes et délai fixés par la loi, aux fins d'entendre prononcer la confiscation des marchandises saisies et autres peines édictées par l'art. 51 de la loi du 28 avril 1816, sans préjudice à celles encourues pour la cause de rébellion. Avons donné lecture et interprétation du présent aux sieurs . . . avec invitation de le signer, ont . . . et à l'instant en avons remis une copie à chacun, et affiché une autre à la porte extérieure de ce bureau, pour notification aux prévenus fugitifs.

Fait et clos en la Douane de . . . les jour, mois et an que d'autre part, à . . . heures du . . .

Pour l'acte d'affirmation. Voir le N.° 14.

En cas de saisie avec moyens de transport. Consulter le N.° 19, 2.e partie.

Nota. Si toutefois il y avait des morts, la justice devra immédiatement être informée pour que la levée des corps ait lieu.
Dans le cas de responsabilité civile, voir la note du N° 18.

N.º 27. SAISIE DE LETTRES, ETC.

L'an . . . le . . . en vertu de l'arrêté du Gouvernement du 27 prairéal an 9, et du décret du 2 messidor an 12, nous soussignés (noms, qualités et demeures des saisissans), étant de service à . . . . (indiquer le lieu, la commune de l'arrondissement) avons requis le sieur . . . . (noms, qualité et demeure) de souffrir la perquisition de toutes les correspondances, lettres et journaux dont il pourrait être porteur ou chargé en contravention des lois et des droits du trésor public, lui déclarant qu'en cas de résistance nous nous ferons assister de la force-armée. Procédant à ladite perquisition il s'est trouvé . . . lettres et journaux transportés en fraude et non compris dans l'exception portée en l'art. 11 de l'arrêté susdit; savoir: une lettre à l'adresse de M. . . à . . . . une autre à celle de . . . . etc.; lesquels objets nous avons saisis; prévenant le sieur . . . que nous les remettrions, avec le présent original, entre les mains de M. . . . . Directeur des Postes à . . . . qui donnera les suites nécessaires, conformément à l'arrêté du 27 prairéal an 9, avons signé avec ledit . . . . auquel nous avons remis une copie du présent.

Nota. Les sacs de procédure, les papiers uniquement relatifs au service personnel, aux entrepreneurs de voitures ou messagers, et les paquets au-dessus d'un kilog., sont seuls exceptés de la prohibition dont parle l'art. 11 de la loi du 27 prairéal an 9.

Ces procès-verbaux se font sur papier libre et ne sont assujettis à aucune formalité.

N.° 28. POUR CONSTATER DES ACCIDENS SURVENUS AUX EMPLOYÉS DANS L'EXERCICE DE LEURS FONCTIONS.

L'an . . . . le . . . Nous soussignés (noms, qualités et résidences des Employés), certifions que cejourd'hui, vers . . . heures du . . . nous rendant en service . . . (relater ici le genre d'accident survenu et les circonstances qui l'ont causé) ainsi que le constate le certificat du médecin annexé au présent. En foi de quoi nous avons dressé le présent acte pour servir ce que de droit.

Fait en la Douane de . . . . les jour, mois et an que dessus et avons signé avec le Receveur.

Je soussigné Lieutenant d'ordre à la résidence de.... certifie qu'il résulte tant de l'enquête que de la vérification des faits énoncés au présent, que la déclaration des Employés dénommés ci-dessus, est véridique et exacte dans tout son contenu.

Ce . . . . 18 . .

NOTA. 1° Tout acte de ce genre n'est assujetti à aucune formalité, il doit être dressé sur papier libre et transmis à M. le Directeur par l'intermédiaire du Contrôleur et de l'Inspecteur.

2° Dans l'intérêt des Employés on doit rédiger pareil acte toutes les fois qu'il leur arrive, en service, un accident pouvant avoir des suites fâcheuses.

N.° 29. INJURES OU OPPOSITION DANS L'EXERCICE DES EMPLOYÉS.

(Compétence du Juge-de-paix.)

L'an . . . . le . . . (Voir le modèle N.° 1.) Nous soussignés . . . (noms, qualités et résidences des verbalisans), certifions quecejourd'hui à . . heures du . . étant de service à . . . . nous avons vu venir du côté de . . . se dirigeant sur . . . . deux individus à nous inconnus (si toutefois ils étaient connus on le mentionnera); nous en étant approchés et leur ayant déclaré nos qualités, nous avons demandé la visite de leurs personnes pour nous assurer s'ils ne portaient rien en contravention aux lois des Douanes; au lieu d'obtempérer à notre sommation ils s'y sont formellement refusés et nous ont accablés d'injures: l'opposition qu'ils mettaient à ne point subir la visite nous donnant lieu de croire qu'ils étaient porteurs de quelques objets de contrebande, nous les y avons contraints par la force; mais n'avons rien trouvé. Nous leur avons fait observer que par le fait de nous avoir injurié et de s'être opposés à l'exercicede nos fonctions, ils avaient contrevenu à la loi du 22 août 1791, titre 13, art. 14 et à celle du 4 germinal an 2, titre 4, art. 2; qu'en conséquence nous leur déclarions procès-verbal avec invitation de nous accompagner au bureau des Douanes de . . . où ils auraient à être présens à sa rédaction, en entendraient lecture et en recevraient copie, ont refusé ou accepté (comme en pareil cas il n'y a pas lieu à arrestation, si les prévenus sont connus et qu'ils refusent, on les laissera en liberté, ce ne sera que dans la supposition qu'ils soient inconnus, qu'on doit les contraindre de se rendreau bureau); y arrivés ledit jour à . . . heures du . . nous avons de suite dressé le présent procès-verbal, tant en présence du Receveur qu'en celle des sieurs . . (ou en l'absence) pour procéder aux fins de notre rapport, nous assignons lesdits . . . . en vertu du titre 13, art. 18 de la loi du 22 août 1791, à comparaître (dans les

24 heures de la clôture) demain à . . . heures du . . , par-devant M. le Juge-de-paix du canton de . . . . en son auditoire ordinaire, pour s'y entendre condamner en une amende individuelle de 500 fr. par application des lois précitées, aux frais et dépens.

Fait et clos en la Douane de. . . . les jour, mois et an que dessus à . . . heures du . . . (1) avons donné lecture et interprétation du présent aux sieurs . . . . . avec invitation de le signer ont . . . et à l'instant remis à chacun une copie.

OBSERVATIONS.

1° Tout procès-verbal pour injures ou opposition fait foi en justice jusqu'à inscription en faux, (arrêt de la Cour de cassation du 26 août 1836) et est par conséquent assujetti aux formalités imposées par la loi du 9 floréal an 7, titre 4.

2° Ce ne sera qu'à la dernière extrêmité, quand le service le reclamera impérieusement, et sur l'assentiment du Contrôleur de brigade ou, en cas d'éloignement, du Lieutenant principal ou d'ordre, que l'on devra dresser de pareils actes.

3° Bien entendu que lorsque les injures ou opposition seront suivies d'une saisie, n'importe de quelle quantité de marchandises, on devra rédiger comme pour importation, exportation etc.; suivant le cas avoir recours aux modèles.

Pour l'affirmation. Voir le N.° 14.

En cas de responsabilité civile. Avoir recours à la note qui se trouve à la fin du N.° 18.

(1) *Si la partie est absente :* vu l'absence des prévenus, quoique sommés d'être présens, nous avons immédiatement affiché une copie du présent à la porte extérieure de ce bureau, pour notification et citation.

N.° 30. RÉBELLION ET VOIES DE FAIT

DANS L'EXERCICE DE SERVICE DES EMPLOYÉS.

(Compétence du Tribunal correctionnel.)

L'an . . . le . . . Nous soussignés . . . . (noms, qualités et demeures des verbalisans), certifions qu'étant cejourdhui, en service . . . . nous avons vu, vers . . . heures du . . . venir du côté de . . . . se dirigeant sur . . . . quatre individus chargés, parmi lesquels nous avons connu les sieurs . . . . de . . . déclaration de nos qualités, nous nous sommes approchés d'eux pour nous assurer de ce qu'ils portaient. Ayant mis bas leurs ballots, ils se sont mis en état de rébellion et nous ont frappés avec de gros bâtons dont ils étaient munis, au point que moi . . . . ai eu mon fusil cassé et reçu une forte blessure qui m'a mis hors combat, ainsi que le constate le certificat du médecin annexé à la présente plainte; moi . . . . leur voyant les mêmes intentions à mon égard, je me suis vu dans la nécessité, pour ma légitime défense, de me servir de mon arme en portant des coups de bayonnette dont plusieurs ont été atteints (si toutefois un des prévenus, ou un des Employés, avait été tué, on le constatera et informera de suite la justice pour que la levée du corps ait lieu); pendant la rixe survenue, les ballots, dont nous ignorons le contenu, ont été enlevés, et les délinquans sont parvenus à s'évader, favorisés par la foule qui nous environnait et parmi laquelle nous avons connu les sieurs.... de..., qui pourront déposer des faits. Nous nous sommes immédiatement rendus au bureau des Douanes de . . . où nous avons rédigé la présente plainte qui, avec deux bâtons etc. que nous avons ramassés sur les lieux de la scène et desquels se sont, contre nous, servis les prévenus, seront envoyés à M. le Procureur du Roi près le tribunal correctionnel séant à..... pour qu'il plaise à ce Magistrat donner toutes les suites nécessaires.

Fait en la Douane susdite les jour, mois et an que dessus à . . . . . heures du . . . .

OBSERVATIONS.

1.° Tout acte de ce genre ne faisant pas foi en justice, est dès lors dispensé des formalités imposées par l'extrait du titre 4 de la loi du 9 floréal an 7 et doit être rédigé sur papier libre.

2.° Suivant le cas, il devra immédiatement être envoyé à M. le Procureur du Roi, ou laissé entre les mains du Receveur qui sera toujours dans l'obligation d'en adresser une copie à M. le Directeur, par l'intermédiaire de l'Inspecteur.

Il devra immédiatement être envoyé à M. le Procureur du Roi, 1.° quand un des rébellionnaires aura été blessé, afin de prévenir la plainte qu'il pourrait faire; 2.° quand un des prévenus aura été arrêté, ce à quoi les Employés doivent s'attacher; et 3.° quand un des Employés aura été plus ou moins grièvement blessé et mis dans l'impossibilité de faire son service pendant un temps plus ou moins long.

Il devra être laissé entre les mains du Receveur jusqu'à ce que la direction se soit prononcée pour, ou contre, la remise entre les mains de M. le Procureur du Roi, 1.° quand les prévenus n'auront reçu aucune blessure; 2.° quand les Employés n'auront point reçu d'atteintes ou seulement de légères blessures qui ne les forceront pas d'interrompre leurs fonctions; et 3.° quand les chefs locaux jugeront que le service n'est point compromis ou que les Employés se sont donné des torts.

3.° En cas de mort d'un Employé, l'on doit invoquer la responsabilité de la commune.

4.° Après l'affaire, les chefs locaux devront se transporter sur les lieux, vérifier les faits et interroger tant les Employés que les personnes qui auront été témoins de cette scène, afin d'être à même de transmettre à M. le Directeur des renseignemens précis.

(Résumé de la circulaire manuscrite de la direction du 2 novembre 1835.)

—

Nota. Si toutefois il y avait une saisie de quelques marchandises, l'affaire devra être traitée comme au modèle 26.

En cas de responsabilité civile. Voir la note à la fin du N.° 18.

N.° 31. POUR EXCÉDANT OU DÉFICIT

Lors d'un recensement de troupeau de moutons.

(Compétence du Juge-de-paix.)

—

L'an . . . le . . . (Voir le modèle N.° 1).

Nous soussignés . . . (noms, qualités et résidences des verbalisans), certifions nous être rendus à l'étable du sieur . . . . de . . . . située à . . . de l'extrême frontière, sur la banlieue de . . . . à l'effet d'y faire le recensement de son troupeau de moutons dont la garde est confiée au sieur . . . berger à gages du sus-nommé; y arrivés ledit jour à . . . heures du . . . . nous lui avons déclaré nos qualités et le motif de notre présence, avec sommation de nous exhiber son acquit-à-caution, avons aussitôt, en sa présence, procédé au dénombrement dudit troupeau et trouvé un excédant (ou un déficit) de . . . (indiquer le nombre par espèce).

Si le recensement se termine sur les lieux.

Nous lui avons fait observer que se trouvant en contravention aux lois qui régissent cette matière, nous lui déclarions procès-verbal et que nous allions nous rendre au bureau des Douanes à.. où nous l'invitions de nous accompagner pour y être présent à sa rédaction, duquel il entendrait lecture et recevrait copie, ce à quoi il a, ou non adhéré; y étant arrivés ledit jour à . . . heures du . . nous avons de suite dressé le présent, tant en présence du Receveur qu'en celle du sieur . (ou qu'en l'absence du sieur . .)

Dans le cas où il y aurait nécessité de se rendre au bureau.

Quelques difficultés s'étant élevées (ou n'ayant pas tous les moyens nécessaires pour opérer un recensement régulier), nous avons prévenu le sieur...que nous allions, avec le troupeau, nous rendre au bureau des Douanes de . . où nous l'invitions de nous accompagner pour y être présent à toutes nos opérations, a consenti; arrivés au bureau susdit, cejourd'hui à... heures du....nous avons reconnu tant en sa présence qu'en celle du Receveur, qu'il se trouvait un excédant (ou un déficit) de . . . . (indiquer le nombre par espèce). Vu sa contravention aux lois qui régissent cette matière, nous lui avons déclaré procès-verbal que nous avons de suite rédigé.

Pour procéder aux fins du présent, nous sus-nommés, assignons, en vertu du titre 13, art. 18 de la loi du

22 août 1791, le sieur . . . . à comparaître (dans les 24 heures de la clôture) demain à . . . heures du . . . par-devant M. le Juge-de-paix du canton de . . . en son audience ordinaire pour y entendre prononcer le double droit d'entrée (ou de sortie.)

Excédant { Des . . . moutons (désigner le nombre par espèce), par application de l'art. 9 du titre 3 de la loi du 22 août 1791.

Déficit { Des . . . (désigner le nombre par espèce), par application des art. 12 et 13 du titre 3 de la loi du 22 août 1791.

Et se voir en outre condamner aux frais et dépens solidairement avec le sieur . . . . comme civilement responsable des faits de son domestique, conformément à l'art. 1384 du code civil . . . .

Si la partie est présente.

En avons donné lecture et interprétation au sieur . . . . avec invitation de le signer a . . . et de suite remis une copie.

Fait et clos en la Douane de.... les jour, mois et an que dessus à . . heures du . .

Si elle est absente.

Vu l'absence du sieur . . . . quoique sommé d'être présent, nous avons de suite affiché une copie du présent à la porte extérieure de ce bureau.

Fait et clos, etc. (comme ci-contre.)

—

Pour l'affirmation. Voir le N.° 14.

N.° 32. SAISIE A LA REQUÊTE DE L'ADMINISTRATION DES CONTRIBUTIONS INDIRECTES,

Pour tabacs non-revêtus des marques étangères, cartes à jouer et poudre à tirer.

(Compétence du Tribunal correctionnel.)

L'an . . . . le . . . . (Voir le modèle N.° 3.)

Nous soussignés . . . . (noms, qualités et demeures des saisissans), certifions nous être rendus, accompagnés de M. . . . Maire de la commune de . . . au domicile du sieur . . . (noms, qualité et demeure), à l'effet d'y chercher des tabacs, etc., que nous savions y être déposés; y arrivés cejourd'hui à . . . heures du . . . nous avons déclaré nos qualités et le motif de notre présence au maître du logis, ledit sieur . . . avec invitation de nous accompagner dans les recherches que nous étions intentionnés de faire dans toutes les parties de sa maison; ayant consenti, nous avons aussitôt commencé notre opération et trouvé dans une chambre au 1er, cachés sous un lit, deux sacs renfermant . . . (indiquer l'espèce de marchandises); demandé au sieur . . . s'il avait à nous exhiber des expéditions qui autorisent le dépôt de ces marchandises, a répondu . . . (consigner ses réponses).

Vu sa contravention
- *Pour tabac en feuilles ou fabriqué*, à l'art. 217 de la loi du 28 avril 1816.
- *Pour tabac en feuilles, en préparation ou fabriqué, trouvé chez un particulier, où seraient en même-temps découverts des instruments propres à la fabrication*, à l'art. 221 de la loi du 28 avril 1816.
- *Pour cartes à jouer*, à l'art. 166 de la loi du 28 avril 1816.
- *Pour poudre à tirer*, à la loi du 13 fructidor an 5, art. 21.

Nous lui en avons déclaré la saisie et l'avons prévenu que nous allions, en son domicile, rédiger notre procès-verbal, avec invitation d'y être présent, comme aussi à la vérification et description des marchandises saisies à son préjudice, a consenti.

Si la vérification se fait sur les lieux.

Procédant à la vérification de l'objet de notre saisie, il a été reconnu tant en présence du prévenu, qu'en celle de M. le Maire, qu'elle consistait en. . . . (bien indiquer par poids, nombre et qualité), avons ensuite remis le tout en deux sacs que nous avons ficelés et cachetés du cachet de l'un de nous, duquel cachet l'empreinte est ci en marge; nous l'avons prévenu qu'en cet état, après la clôture de notre procès-verbal, nous nous rendrions au bureau des Douanes de . . . dont le Receveur M. . . en sera constitué le gardien jusqu'à ce que la remise en ait lieu entre les mains de M. . . . Directeur des Contributions indirectes à . . . l'avons invité de nous y accompagner pour être présent à l'acte de dépôt qui serait dressé, a . . . .

. . . .

. . . .

Si elle a lieu en Douane.

N'ayant pas les moyens nécessaires pour procéder à la pesée desdits objets, nous nous sommes bornés à en faire le dénombrement; avons en conséquence reconnu, tant en présence du sieur . . . qu'en celle de M. le Maire, que les deux sacs renfermaient.... (indiquer le nombre par espèce et qualité), puis remis le tout dans ses enveloppes primitives, que nous avons ficelées et cachetées du cachet de l'un de nous, duquel cachet l'empreinte est ci en marge; nous avons prévenu le sieur . . . qu'en cet état et après la clôture de notre procès-verbal, nous nous rendrions au bureau des Douanes à . . . où nous l'invitions de nous accompagner pour y être présent, tant à la description en détail qui serait faite qu'à l'acte de dépôt qui serait dressé, a . . . et qu'après cette opération le Receveur M. . . . en sera constitué le gardien jusqu'à ce que la remise, etc., (comme ci-contre).

Pour procéder aux fins du présent, rédigé de suite, nous prévenons le sieur . . . que ce procès-verbal sera remis ès mains de M. le Procureur du Roi près le tribunal correctionnel séant à . . . qui le fera citer dans les formes et délai fixés par la loi, pour le jour et l'heure qu'il plaira à ce Magistrat de désigner, aux fins d'entendre prononcer la confiscation des marchandises saisies à son préjudice, aux frais et dépens, et en une amende de . . . sans préjudice aux autres peines encourues, le tout par application

Pour le 1er cas: de la loi du 28 avril 1816, art. 218. (amende de 10 fr. par kilog.)

Pour le 2e cas: de la même loi, art. 221 (amende de 1,000 à 3,000 fr.)

Pour le 3.e cas : même loi, art. 166 (amende de 1,000 à 3,000 fr.)

Pour le 4.e cas : loi du 13 fructidor an 5, art. 21 (amende de 20 fr. 44 cent. par kil. de poudre.)

Fait et clos au domicile du sieur . . . les jour, mois et an que d'autre part, à . . .. heures du . . . lui en en avons donné lecture et interprétation avec invitation de le signer, a . . . et à l'instant remis une copie.

Acte de dépôt en Douane : { *Si la vérification en détail se fait sur les lieux*, le N.° 6.
Si elle a lieu en Douane, le N.° 7.

Affirmation. Le N.° 14.

1.° Si toutefois l'on trouvait plus de 25 kil. tabac revêtu des marques et vignettes étrangères, avec une quantité quelconque de tabac non revêtu de ces marques, il y aura nécessité de rédiger deux procès-verbaux, l'un à la requête des Douanes, l'autre à celle des Contributions indirectes.

2.° Si toutefois il y avait moins de 25 kil. de tabac étranger, avec une quantité quelconque sans vignettes, il faudra ne rédiger qu'un seul procès-verbal à la requête des Contributions indirectes.

3.° Si en même temps l'on trouvait de la poudre à tirer avec des cartes à jouer étrangères, il faudra encore, s'il y a moins de 25 kil. de tabac étranger, ne rédiger qu'un seul procès-verbal à la requête des Contributions indirectes; dans le cas contraire il en faudra rédiger deux.

(Circulaire imprimée de la direction, N.° 97.)

N.° 33. SAISIE

A LA REQUÊTE DES CONTRIBUTIONS INDIRECTES

Pour circulation de boissons.

(Compétence du Tribunal correctionnel.)

L'an . . . . le . . . . (Voir le N.° 3). Nous soussignés . . . (noms, qualités et demeures des saisissans), certifions qu'étant en surveillance sur la route qui conduit à . . . . nous avons vu, cejourd'hui à . . . . . heures du . . . une charrette tirée par un cheval, conduite par un individu à nous inconnu, et chargée de deux tonneaux qui nous ont paru pleins de liquides; ayant fait connaître nos qualités au conducteur, nous lui avons demandé ce que renfermaient ces deux tonneaux : sur sa réponse qu'ils contenaient du vin, etc. . . nous l'avons sommé de nous exhiber une expédition de l'administration des Contributions indirectes qui en autorise le transport, a répondu . . . . (si toutefois il avait une expédition qui ne soit pas en règle, on consultera le N.° 23, première colonne). Vu sa contravention à la loi du 28 avril 1816, nous lui en avons, en vertu de l'art. 17 de cette loi, déclaré la saisie ainsi que des moyens de transport, mais seulement pour garantie de l'amende, le prévenant que nous allions immédiatement nous rendre, avec l'objet de notre saisie, au bureau des Douanes de . . . où nous le sommions de nous accompagner pour être présent à toutes nos opérations, a consenti, (ou refusé); y arrivés ledit jour à . . . . heures du. . . nous avons interpellé ledit délinquant de nous décliner ses noms, profession et demeure, d'où il venait, où il allait et pour le compte de qui étaient ces vins, a répondu . . . . passant au jaugeage desdits deux tonneaux, il a été reconnu, en présence du sieur . . . et en celle de M. . . . . Receveur, qu'ils contenaient ensemble.... hectolitres de vin rouge, franc et marchand, que nous avons évalué de gré à gré à la somme de . . . passant à la description des moyens de transport, il a été reconnu qu'ils consistaient en . . . . (les décrire) estimés à la somme de . . . nous faisons offre de main-levée au sieur . . . . sous caution solvable, ou en consignation la valeur, tant des deux tonneaux de vins que des moyens de transport ci-dessus décrits.

S'il fournit caution.

Ledit . . . . . nous ayant présenté pour caution le sieur. . . (noms, qualité et demeure) lequel, ici présent, après avoir pris connaissance du procès-verbal, s'est rendu garant et caution solidaire du sieur . . . pour la somme de . . . laquelle ils s'engagent, par apposition de leurs signatures au présent procès-verbal, à payer à qui de droit, et ce, à la première réquisition, avons en conséquence fait relation des boissons et des moyens de transport sus-mentionnés. .

. . . .

. . . .

. . . .

S'il consigne

Ledit . . . . ayant aussitôt déposé la somme de . . . . entre les mains de M. . Receveur de la Douane de . . . nous laissons dès ce moment à sa disposition les vins et les moyens de transport sus-mentionnés . .

. . . .

. . . .

. . . .

. . . .

. . . .

. . . .

S'il refuse main-levée

Sur son refus d'en recevoir main-levée, nous avons laissé les deux tonneaux de vin à la charge de M. . . . Receveur de la Douane de . . . qui s'en est constitué le gardien ainsi que de la voiture avec promesse de les représenter à la première réquisition ; le cheval a aussitôt été mis en fourrière chez le sieur . . . (noms, qualité et demeure) moyennant la somme de . . par jour, lequel se charge de le nourrir, soigner, entretenir et de le représenter à la 1re réquisition ; le tout sous sa garantie, à ses risques et périls, à quel effet il a pris connaissance de ce procès-verbal qu'il a signé avec nous.

Pour procéder aux fins du présent, rédigé de suite, nous avons prévenu le sieur . . . que le présent, après avoir été duement affirmé et enregistré, sera envoyé à M. . . . Directeur de l'administration des Contributions indirectes à . . . qui l'adressera ensuite à M. le Procureur du Roi près le tribunal correctionnel séant à. . . qui fixera le jour et l'heure où la cause devra paraître, et qu'il sera cité dans les formes et délai prescrits, aux fins de se voir condamner aux peines édictées par l'art. 19, art. 1er de la loi du 28 avril 1816, aux frais et dépens.

Si la partie est présente

Fait et clos en la Douane sus-

Si la partie est absente

Fait et clos en la Douane susdite, les jour, mois et an que dessus, à . . . heures du . . . en avons donné lecture et interprétation aux sieurs. . . . qui ont signé avec nous et à l'instant remis une copie au prévenu.

dite, les jour, mois et an que dessus, à . . . heures du . . . . vu l'absence du prévenu, nous avons immédiatement affiché un copie du présent à la porte extérieure de ce bureau.

Pour l'affirmation Voir le modèle 14.

N.° 34.

SAISIE

POUR FAUX OU ALTÉRATION

des expéditions à la circulation.

(Compétence du Juge-de-paix et du Tribunal correctionnel, suivant le cas.)

L'an . . . . le . . . . (suivant le cas le N.° 1 ou le N.° 2) Nous soussignés . . . . (noms, qualités et demeures des saisissans), certifions qu'étant cejourd'hui en service à . . . (indiquer le lieu) à . . . kilom. de l'étranger et à . . . kilom. de notre poste, nous avons, vers . . . heures du . . . vu venir du côté de . . . . se dirigeant sur . . . . une voiture chargée, attelée de deux chevaux et conduite par un individu à nous inconnu; déclaration de nos qualités nous l'avons sommé de nous exhiber une expédition de Douanes pour le transport des marchandises qu'il voiturait et que nous avons reconnues être de la classe de celles . . . . (indiquer si elles sont prohibées à l'entrée ou à la sortie, ou assujetties à un droit quelconque et par quelle loi) il nous a aussitôt présenté un passavant (un acquit de paiement ou toutes autres expéditions) sur lequel nous avons remarqué des altérations (ou des surcharges) non approuvées et qui nous ont paru de nature à avoir été faites dans l'intention de favoriser une fraude, nous lui avons en conséquence fait observer que, par ce motif, nous considérions son expédition comme nulle et que nous lui déclarions la saisie.

Si les marchandises paient moins de 20 fr. les 0/0 kil. à l'entrée ou un droit quelconque à la sortie.

De ces marchandises en vertu de la loi du 22 août 1791, titre 3, art 15, le prévenant que nous allions nous rendre au bureau des Douanes de. . . . où il aurait à être présent à toutes nos opérations; y arrivés cejourd'hui à . .

Si elles sont prohibées à l'entrée ou payant plus de 20 fr. les 0/0 kil.

De ces marchandises, celles des moyens de transport et l'arrestation de sa personne, en conformité des art. 38 et 41 de la loi du 28 avril 1816, et que nous allions nous rendre au bureau des Douanes de . . . où il serait présent à toutes nos opérations; y arrivés heures du . . . nous avons interpellé le prévenu de nous décliner ses noms, profession, demeure, d'où il venait, où il était intentionné d'aller, pour le compte de qui étaient ces marchandises et par qui elles lui avaient été remises ainsi que l'expédition, a répondu . . . . . . passant à la description des marchandises saisies, il a été reconnu tant en présence du Receveur qu'en celle du sieur . . . qu'elles consistaient en . . . (par poids, nombre, mesure et qualité) les avons remises dans leurs enveloppes primitives, ficelées et cachetées du cachet de l'un de nous, duquel cachet l'empreinte est ci en marge, et en cet état laissées à la charge de M. . . . Receveur qui s'en est constitué le gardien; avons aussitôt fait remise des moyens de transport: exâmen de l'expédition qui est conçue ainsi qu'il suit . . . . (la copier en son entier) nous avons reconnu, toujours en présence du sieur.... que (indiquer ici le genre de faux, d'altération etc.), laquelle signée et paraphée *ne varietur*, tant par nous que par le sieur. . . . (s'il s'y refuse on le mentionnera) est annexée au présent.

Pour procéder aux fins de notre procès-verbal, rédigé de suite, nous Employés sus-dénommés, assignons par le présent, le sieur . . . en vertu de l'art. 18 du titre 13 de la loi du 22 août 1791, à comparaître (dans les 24 heures de la clôture) demain à... heures du . . par-devant M. le Juge-de-paix du canton de. . en son audience ordinaire, pour y entendre prononcer la confiscation des marchandises et se voir en outre condamner en une amende de 100 fr. aux frais et dépens par application de

cejourd'hui à . . heures du . . nous avons interpellé le prévenu de nous décliner ses noms, etc. (comme ci-contre.) . . . . . .

. . . .

et que les moyens de transport consistaient en . . . (les décrire, en donner le signalement et la valeur approximative) le sieur . . Receveur s'est constitué le gardien des marchandises décrites ainsi que de la voiture, et les chevaux ont aussitôt été mis en fourrière chez le sieur . . . (qualité et demeure) suivant prix convenu et acte séparé: examen de l'expédition qui est conçue ainsi qu'il suit (la copier en entier) ....comme ci-contre . . . .

Pour procéder aux fins de notre procès-verbal, rédigé de suite, nous déclarons au sieur . . que le présent sera remis ès mains de M. le Procureur du Roi près le tribunal correctionnel séant à . . . qu'il sera cité à comparaître par-devant ledit tribunal les jour et heure qui seront désignés par ce Magistrat, et ce dans les formes et délai fixés par la loi, aux fins d'entendre prononcer la confiscation des marchandises et des moyens de transport et se voir en outre condamner en une amende de 500 fr. (dans le cas où les

la loi du 22 août 1791, titre 3, art. 15, sans préjudice aux autres peines encourues pour le crime de faux; à quel effet les poursuites voulues seront dirigées contre lui par qui de droit.

Fait et clos en ladite Douane, les jour, mois et an que dessus à . . . heures du . . . en avons donné lecture et interprétation au sieur . . . avec invitation de le signer a . . . et à l'instant remis une copie pour lui servir et valoir ce que de raison.

marchandises seraient d'une valeur au-dessus, l'amende sera alors égale à leur estimation), à un emprisonnement de 3 jours à un mois par application des art. 41, 42 et 43 de la loi du 28 avril 1816, aux frais et dépens et sans préjudice aux autres peines encourues pour le crime de faux; à quel effet les poursuites voulues seront dirigées contre lui par qui de droit.

Fait et clos, etc.

(Comme ci contre.)

Pour la mise en fourrière. Voir le modèle 12.
Pour l'affirmation. idem. 14.
En cas de responsabilité civile. Voir la note à la fin du N.° 18.

OBSERVATIONS.

En présentant ce modèle, j'ai traité deux cas avec moyens de transport; pour que les Employés aient un guide sûr et certain, ils remarqueront :

1° Que quand il s'agit d'une saisie faite à la circulation de marchandises tarifées à un droit quelconque à la sortie, ou payant moins de 20 fr. les 0[0 kil. à l'entrée, les moyens de transport ne sont pas saisissable et que le procès-verbal doit faire mention de la remise qui en aura été faite au prévenu.

Il devra en être de même pour saisies de marchandises de la classe de celles désignées ci-dessus, faites à *l'importation* et à *l'exportation*.

2° Que quand au contraire les marchandises sont prohibées à l'entrée ou payant plus de 20 fr. les 0[0 kil., les moyens de transport sont saisissables.

Il devra en être de même pour l'exportation ou la circulation de marchandises prohibées à la sortie.

3° Que l'affaire doit toujours être portée devant le Juge duquel ressort la saisie, sauf à conclure aux autres peines édictées par l'article 147 du code pénal, pour le crime de faux.

Nota. Quand il s'agira d'une saisie, avec moyens de transport, de marchandises indiquées au N° 1 ci-dessus, et que le prévenu sera fugitif, on consultera le modèle 23.

Toutes saisies de ce genre (pour faux ou altération) bien que l'affaire soit de la compétence du Juge-de-paix, donne toujours lieu à arrestation.

9.7

7

N.° 35.

SAISIE

POUR FAUSSE DÉCLARATION EN DOUANE.

(Compétence du Juge-de-paix.)

L'an . . . . le . . . . (Voir le modèle N.° 1). Nous soussignés . . . (noms, qualités et demeures), certifions que cejourd'hui à . . . heures du . . . s'est présenté en cette Douane le sieur . . . (noms, qualités et demeures) qui nous a présenté une déclaration ainsi conçue (on devra la transcrire en entier) aux fins de l'acquittement des droits d'entrée (ou de sortie) des marchandises y portées. Procédant immédiatement à la visite et vérification du chargement de la voiture, nous avons reconnu, en présence du susdit . . . que celles portées sur la déclaration consistaient en . . . et que celles du chargement consistaient en . . . . et qu'il y avait une différence de . . . . (indiquer la différence qui existe entre les marchandises déclarées et celles reconnues.) Nous lui avons fait observer que se trouvant en contravention à la loi du

1er CAS. *S'il y a excédant de balles, etc.*	22 août 1791, titre 2, art. 20, nous lui déclarions procès-verbal et saisie de l'excédant qui consiste en . . . . . (Indiquer le poids, nombre, mesure ou valeur.)
2e CAS. *S'il y a déficit de balles, etc.*	22 août 1791, titre 2, art. 22, nous lui déclarions procès-verbal, et que nous allions retenir, pour sûreté de l'amende, les moyens de transport qui consistaient en . . . . (les décrire et les signaler) desquels nous lui offrons main-levée, sous caution solvable ; ayant accepté nous lui en avons fait la remise suivant acte séparé (s'il refuse on consultera le N.° 19, 2e partie.)
3e CAS. *S'il y a excédant sur le poids, le nombre ou la mesure des marchandises déclarées, cet excédant est soumis au double droit si, pour les métaux il dépasse le 20e et le 10e pour les autres marchandises.*	22 août 1791, titre 2, art. 23, nous lui déclarions procès-verbal.

4ᵉ CAS. *Si les marchandises se trouvent faussement déclarées dans la qualité ou l'espèce*	Si le montant des droits s'élève à plus de 12 fr.	22 août 1791, titre 2, art. 21, nous lui déclarions procès-verbal et la saisie de ces marchandises.
	Si le montant des droits s'élève à moins de 12 fr.	22 août 1791, titre 2, art. 21, nous lui déclarions procès-verbal.

5ᵉ CAS. *Si elles sont prohibées à l'entrée ou tarifées à un droit de 20 et au-dessus les 0/0 kil.* — 22 août 1791, titre 5, art. 1ᵉʳ et par application de l'art. 41 de la loi du 28 avril 1816, nous lui déclarions la saisie des marchandises ainsi que des moyens de transport qui consistent en . . . (consulter le N.° 19.)

6ᵉ CAS. *Si elles sont prohibées à la sortie.* — 22 août 1791, titre 5, art. 3, nous lui déclarions la saisie de ces marchandises, ainsi que des moyens de transport qui consistent en . . . . (Voir le N.° 19.)

7ᵉ CAS. *Pour mésestimation (droit de préemption.)* — Voir la note à la fin de ce modèle.

Avec invitation d'être présent à sa rédaction duquel il entendrait lecture et recevrait copie a . . . .

Pour procéder aux fins du présent, rédigé de suite, nous sus-nommés, assignons le sieur. . . en vertu du titre 13, art. 18 de la loi du 22 août 1791, à comparaître (dans les 24 heures de la clôture) demain à . . . heures du . . . . par-devant M. le Juge-de-paix du canton de . . . . . en son audience ordinaire, pour s'y voir condamner . . . .

1ᵉʳ CAS. — En une amende de 100 fr., à la confiscation des marchandises saisies par nous, aux frais et dépens, le tout par application de la loi précitée.

2ᵉ CAS. — En une amende de 300 fr. pour chaque ballot, caisse etc., manquant, à la retenue des moyens de transport pour sûreté de l'amende, aux frais et dépens, par application de la loi précitée.

3ᵉ CAS. — Au double droit, montant à . . . décime compris, aux frais et dépens, par application de la loi précitée.

4ᵉ CAS.	Si la marchandise paie plus de 12 fr. de droit.	En une amende de 100 fr., à la confiscation des marchandises saisies par nous, aux frais et dépens, par application de la loi précitée.
	Si elle paie moins de 12 fr.	En une amende de 100 fr. aux frais et dépens, par application de la loi précitée.

5e CAS. En une amende de 500 fr., à la confiscation des marchandises et des moyens de transport saisis par nous, aux frais et dépens, conformément à la loi du 22 août 1791, titre 5, art. 1er, et par application des art. 15 et 35 des lois du 27 mars 1817 et 21 avril 1818, et de l'art. 41 de celle du 28 avril 1816.

6e CAS. En une amende de 500 fr. à la confiscation des marchandises et des moyens de transport, aux frais et dépens, par application de la loi du 22 août 1791, titre 5, art. 1 et 3.

Fait et clos en la Douane susdite, les jour, mois et an que dessus à . . . heures du . . . en avons donné lecture et interprétation au sieur . . . avec invitation de le signer a . . . et de suite remis une copie.

Pour l'affirmation. Le N.° 14.
Pour la mise en fourrière Le N.° 12.
Pour l'acte de cautionnement Le N.° 11.
Responsabilité civile. La note à la fin du N.° 18.

NOTA. *Droit de préemption* Un rapport de retenue pour cause de mésestimation n'est soumis à aucune formalité, il suffit que le Receveur du bureau souscrive l'offre et la signifie au propriétaire, ou à son fondé de pouvoir, de lui payer, dans les 15 jours qui suivront la notification du rapport, la valeur déclarée et le 10e en sus (loi du 4 floréal an 4, art. 1er et 2)

Les actes de ce genre sont sujets au droit fixe d'un franc 20 c. (Décision du Ministre du 4 septembre 1810,)

OBSERVATIONS.

Les Juges-de-paix continueront à connaître des fraudes tentées et découvertes par suite de visites au bureau des Douanes, ils appliqueront à ces fraudes les peines déterminées par les lois des 22 août 1791 et 4 germinal an 2. (Art. 15 et 35 des lois des 27 mars 1817 et 21 avril 1818.

Il résulte des dispositions ci-dessus que toutes les fois qu'il y a eu une opération *quelconque* de la part des Employés du bureau, et qu'à la suite une saisie est opérée, l'affaire est toujours de la compétence du Juge-de-paix, bien qu'il s'agisse de marchandises prohibées à l'entrée ou payant plus de 20 fr. les 0[0 kil.

Pour prémunir les Employés de faire une fausse application de la loi, je vais poser deux exemples :

1er Exemple. Un voiturier entrant en France, se présente au bureau, il n'a d'autre déclaration à faire que celle de la reconnaissance de son cheval et de sa voiture, à la suite de la vérification des Employés sédentaires, ceux du service actif de garde devant le bureau, comme cela a lieu dans bien des localités, ou qui placés en avant, ont convoqué lesdits moyens de transport, découvrent un double fond, etc. renfermant des marchandises; en ce cas, bien qu'elles n'aient point été déclarées, il y a néanmoins eu opération de bureau, puisque les Employés ont eu à reconnaître le cheval et la voiture.

2e Exemple. Si au contraire une saisie est opérée devant un bureau soit par des Employés sédentaires, soit par des Employés de brigade, sur un individu qui déclare ne rien porter et sur lequel on trouve néanmoins des marchandises, l'affaire doit être traitée comme faite en campagne, attendu qu'il n'y a pas eu de déclaration ni par conséquent opération de bureau.

Toutes les fois qu'il y aura donc lieu de saisir de ces manières, on invoquera les lois suivantes :

Marchandises saisies à la suite d'une déclaration. 1er exemple.	— Si elles sont prohibées à l'entrée ou payant plus de 20 fr. les 0[0 kil. (1) — Si elles sont prohibées à la sortie.	Comme au modèle.
	— Si elles sont tarifées à la sortie, ou à l'entrée, pourvu toutefois que pour ce dernier cas elles payent moins de 20 fr. les 0[0 kil	4 germinal an 2, titre 3, art. 4.
Marchandises saisies sans déclaration, 2e exemple.	Comme importation; en ce cas voir les différens modèles.	
Si au contraire les marchandises sont faussement déclarées dans la qualité, quantité, etc., on invoquera alors.	— Si elles sont prohibées à l'entrée ou payant plus de 20 fr. les 0[0 kil. — Si elles sont prohibées à la sortie. — Si elles sont tarifées à un droit quelconque à la sortie et à l'entrée pourvu toutefois que pour ce dernier cas elles payent moins de 20 fr. les 0[0 kil. (1)	Comme cela est indiqué au modèle.

Pour toutes saisies de bureau il n'y a pas lieu à arrestation.

(1) Bien que l'art. 21 de la loi du 22 août 1791, titre 2, porte : « que si la déclaration se trouve fausse dans la qualité ou l'espèce de marchandises et que si le droit » auquel on veut la soustraire par cette fausse déclaration *s'élève à 12 fr. et au-dessus*, elles doivent être saisies et le prévenu condamné en une amende de 100 fr. » pour sûreté de laquelle lesdites marchandises seront retenues. » On doit néanmoins, comme je l'ai dit plus haut, quand il s'agira d'objets payant à l'entrée plus de 20 fr. les 0[0 kil., conclure à l'amende de 500 fr. et à la confiscation des moyens de transport, par application de la loi du 28 avril 1816.

N.° 36. SAISIE SUR DES VOITURES PUBLIQUES *de marchandises prohibées à l'entrée ou payant plus de 20 fr. les o|o kil.*

(Compétence du Tribunal correctionnel.)

L'an. . . . . le . . . . (Voir le modèle N.° 2).

Nous soussignés . . . . (noms, qualités et demeures des saisissans), certifions que cejourd'hui, à . . heures du . . . . étant de service à . . . . (indiquer le lieu) à . . . . kilom. de notre poste et à . . . kilom. de l'étranger, nous avons vu venir du côté de . . . se dirigeant sur . . . la voiture appartenant au sieur . . . . de . . . . confiée à la conduite du sieur . . . de . . . déclaration de nos qualités nous avons demandé la visite de ladite voiture pour nous assurer s'il ne s'y trouvait point d'objets en contravention aux lois des Douanes; procédant à la vérification nous avons trouvé deux ballots de mousseline (ou toutes autres marchandises) pour lesquels le conducteur n'a pu nous exhiber aucune expédition. Vu sa contravention à l'art. 38 de la loi du 28 avril 1816, nous lui en avons déclaré la saisie ainsi que des moyens de transport et l'arrestation de sa personne, le prévenant que nous allions immédiatement nous rendre au bureau des Douanes de . . . . où il serait présent à toutes nos opérations; y arrivés ledit jour à . . heures du . . . . nous avons reconnu en présence du prévenu et en celle du Receveur que les deux ballots renfermaient . . . . (par poids, nombre, mesure et qualité) toutes marchandises prohibées à l'entrée, les avons remises dans leurs enveloppes primitives, ficelées et cachetées du cachet de l'un de nous, duquel cachet l'empreinte est ci en marge, et en cet état laissées à la charge de M. . . Receveur qui s'en est constitué le gardien. Passant à la description des moyens de transport, il a été reconnu qu'ils consistaient en . . . (les décrire et les signaler) évalués de gré à gré à la somme de . . . sur la demande du sieur . . . et pour ne pas retarder le service public, nous lui avons donné main-levée desdits moyens de transport sous caution solvable, suivant acte séparé. Nous étant fait représenter la feuille de route, nous avons remarqué que les deux ballots saisis ne s'y trouvaient point inscrits, ce que nous avons fait observer au prévenu.

Pour procéder aux fins du présent, rédigé de suite, nous prévenons ledit . . . . qu'il sera traduit pardevant M. le Procureur du Roi près le Tribunal correctionnel séant à . . . que la citation lui sera signifiée dans les formes et délai fixés par la loi pour le jour et l'heure qu'il plaira à ce Magistrat de désigner pour l'appel de la cause, aux fins d'entendre prononcer la confiscation des marchandises et des moyens de transport, se voir condamner en une amende de 500 fr. (si les marchandises valent plus, l'amende sera égale à leur estimation) aux frais et dépens et à un emprisonnement de 3 jours à un mois, par application des art. 41, 42 et 43 de la loi du 28 avril 1816, de plus en une amende personnelle et spéciale de 300 fr., édictée par l'art. 8 de la loi du 4 germinal an 2, titre 3; le tout solidairement avec le sieur . . . comme civilement responsable des faits de ses agens et domestiques, conformément à la loi du 22 août 1791, titre 13, art. 20.

Fait et clos en la Douane susdite, les jour, mois et an que dessus à . . . heures du . . en avons donné lecture et interprétation au sieur . . . avec invitation de le signer a . . . . , et de suite remis une copie.

Pour l'acte de cautionnement. Voir le N.° 11.
Pour l'affirmation. Le N.° 14.

OBSERVATIONS.

1° Je n'ai ici supposé qu'un cas; mais s'il s'agissait de marchandises *prohibées à la sortie*, ou d'autres tarifées soit à *la sortie* ou à *l'entrée*

(à moins que pour ce dernier cas elles paient plus de 20 fr. les 0[0 kil.), on devra avoir recours aux différens modèles pour l'application des pénalités, en ayant soin de conclure en l'amende spéciale de 300 fr. comme ci-contre.

2° Si les marchandises sont portées sur la feuillé de route, on s'abstiendra de demander ladite amende de 300 fr.

3° On remarquera qu'il a été offert main-levée des chevaux et de la voiture; si l'art, 5 de la loi du 9 floréal an 7 impose l'obligation, *sous peine de nullité*, d'offrir main-levée des moyens de transport *saisis pour autre cause que pour prohibition de marchandises*, elle ne défend pas d'en agir de même quand il est question de moyens de transport saisis avec des prohibés.

La circulaire imprimée de l'administration N° 1367 transmet un arrêt de la Cour de cassation qui consacre ce principe; cependant, et d'après le désir même de l'administration, on ne devra en agir ainsi que fort rarement et quand il y aura une nécessité quelconque.

Instructions transmises par la circulaire imprimée de la Direction, N° 154.

N.° 37. PROCÈS-VERBAL

DIVISÉ EN PLUSIEURS VACATIONS.

(Lorsque la description des marchandises saisies ne peut se terminer le jour où elle a été commencée, elle sera continuée le lendemain et les jours suivans, par un seul et même procès-verbal, divisé en plusieurs vacations ; chacune sera terminée comme suit) :

Vu l'heure tardive de ce jour qui nous empêche de terminer la vérification des marchandises saisies, nous avons notifié au sieur . . . que nous nous réservions de continuer le présent rapport, demain . . . (la date) à . . . heures du . . . avec sommation de se trouver à cette fin pour être présent à la suite de nos opérations qui auraient lieu en la même demeure qu'hier. Nous avons en conséquence remis les marchandises décrites dans leurs enveloppes primitives que nous avons ficelées et cachetées du cachet de l'un de nous, duquel cachet l'emprcinte est en marge du présent, avons fait de même sur les autres ballots etc., non vérifiés, au nombre de. . . que nous avons ensuite laissés à la charge de M. . . . . Receveur qui s'en est constitué le gardien après que le sieur . . . y a eu apposé son cachet.

Arrêté à ladite Douane de . . . . les jour, mois et an que dessus à . . . heures du . . . en avons donné lecture et interprétation au sus-dénommé avec invitation de signer avec nous, a . . . et de suite remis une copie (Si toutefois le prévenu était absent l'on dirait) vu l'absence du prévenu nous déclarons que copie du présent sera dans le jour affichée à la porte de ce bureau.

Chaque fois que les verbalisans reprennent leur travail par une nouvelle vacation, ils constateront la continuation de leur rapport de la manière suivante :

Le . . . . à . . . heures du . . . . même requête et diligence, par continuation de notre rapport commencé le . . . . Nous soussignés . . . . après avoir reconnu avec le sieur . . . . . Receveur et fait connaître au prévenu le sieur . . . . que les scellés apposés hier soir sur . . . ballots étaient sains et intacts, nous avons en conséquence recommencé nos opérations et reconnu . . . .

OBSERVATIONS.

1.° Comme il peut arriver que le prévenu ne soit pas présent à toutes les vacations, il faudra toujours, soit au commencement, soit à la fin de chacune d'elles, spécifier son absence ou sa présence; dans le premier cas afficher une copie à la porte du bureau.

2.° Si toutefois il s'agit d'une vérification au domicile d'un particulier, il faudra en agir de même, sauf quelques changemens dans le narré des modèles ci-dessus.

3.° On ne concluera aux pénalités qu'à la dernière vacation qui devra également contenir l'assignation et qui ne sera valable qu'à partir de l'heure de la clôture du dernier contexte. (Arrêt de cassation du 18 thermidor an 11.)

N.° 38. SIGNIFICATION D'UN JUGEMENT OU D'UN ACTE QUELCONQUE.

Copier en entier le jugement ou l'acte, au bas duquel on mettra :

L'an . . . . le . . . à la requête de M. le Directeur de l'administration des Douanes, dont le bureau central est à Paris, Hôtel du Ministère des Finances, rue Monthabor, lequel fait élection de domicile au bureau de M . . . son Receveur, demeurant à . . . chargé des poursuites aux fins du présent. Nous soussignés . . . . (noms, qualités et demeures), en vertu du titre 13, art. 18 de la loi du 22 août 1791, avons signifié le jugement (ou tout autre acte) dont copie est ci-dessus, au sieur... en son domicile à . . . (1) en parlant à . . . et pour qu'il n'en ignore et y satisfasse sous les peines de droit, nous lui avons laissé copie, tant dudit jugement (ou tout autre acte) que du présent exploit.

Fait à . . . . les jour, mois et an que dessus.

NOTA. Cette signification doit, à peine de nullité, être enregistrée dans les quatre jours au bureau de la résidence de l'exploitant ou de la partie.

---

(1) Tous jugemens rendus sur une saisie seront signifiés, soit à la partie saisie, soit au propriétaire indiqué au rapport. Les significations à la partie seront faites à son domicile, si elle en a un réel ou élu dans le lieu de l'établissement du bureau ; sinon à celui du Maire de la commune. (Art. 11 de la loi du 1er vendémiaire an 4.)

N.° 39. CONTRAINTE.

Extrait des registres d'acquits-à-caution, tenus à la Douane de . . . . pendant l'an . . . . (rapporter ici la copie littérale de la déclaration ou de la soumission qui donne lieu à la contrainte; certifier cette copie véritable, et continuer ainsi):

Il est dû au trésor public, par le sieur . . . (noms, qualité et demeure), la somme de . . pour double droit de . . . sur les marchandises mentionnées en sa soumission, dont copie est ci-dessus, faute d'avoir rapporté dans le délai fixé par ladite soumission, au dos de l'acquit-à-caution, certificat valable de la décharge desdites marchandises au lieu de la destination; au paiement de laquelle somme de . . . ledit sieur . . . sera contraint par toutes voies, en vertu de la présente contrainte décernée par nous . . . Receveur des Douanes à . . . . pour être mise à exécution par le premier huissier ou autre à ce requis, nonobstant apposition ou appellation quelconque, sans préjudice d'icelles, et sous les réserves de tous autres droits et actions.

Fait à . . . . . ce . . . . . .

(Ici doit se trouver le visa du Juge-de-Paix.)

Nota. Ce visa est sans frais et les Juges ne peuvent, sous quelque prétexte que ce soit, le refuser, à peine d'être, en leur propre et privé nom, responsables des objets pour lesquels elles auront été décernées. (Titre 13, art. 32, du 22 août 1791.)

On terminera ensuite en transcrivant, toujours à la suite, la signignification d'autre part N° 38.

N.° 40. REQUÊTE

TENDANTE A ÊTRE AUTORISÉ DE VENDRE.

A Monsieur le Juge-de-paix du canton d . . . . requiert N . . . Receveur des Douanes à . . . au nom de son administration, qu'il vous plaise lui permettre de procéder le . . . . au bureau de la susdite Douane, à la vente, au plus offrant et dernier enchérisseur, en la manière accoutumée, des marchandises ci-après, savoir : (les indiquer sommairement) lesquelles sont sujettes à dépérissement. (s'il s'agit de moyens de transport, on les dénommera) saisies au préjudice du sieur . . . . . suivant procès-verbal dressé le . . . par les Préposés des Douanes à la résidence de . . . et vous ferez justice.

A . . . . . . le . . . (Signature du Receveur).

S'il s'agissait d'objets dont la main-levée aurait été accordée par un jugement dont l'administration aurait interjeté appel, et dont la partie n'aurait pas demandé la remise dans les huit jours de la date du jugement, on rédigerait comme ci-dessus, jusqu'aux mots : en la manière accoutumée, *puis l'on dirait :* des objets ci-après . . . saisis le . . . . par les préposés des Douanes à . . . . au préjudice du sieur . . . et dont main-levée a été donnée par jugement rendu le . . desquels objets il n'a point demandé la remise dans le délai de 8 jours, fixé par l'art. 3 de la loi du 14 fructidor an 3, et vous ferez justice.

Nota. L'ordonnance rendue sur cette requête doit être enregistrée comme tous les actes judiciaires, le Receveur la fait signifier aux parties si elles sont domiciliées dans le lieu de l'établissement du bureau ; et à défaut de domicile connu, au Maire de la commune, avec déclaration qu'il sera immédiatement procédé à la vente, tant en absence qu'en présence. (Décret du 18 septembre 1811, art. 2.)

Le modèle de signification N° 38 peut servir en substituant le mot Ordonnance au mot Jugement et en faisant de légers changemens.

N.° 41. **RÉQUISITION.**

Nous soussignés . . . . (noms, qualités et demeures), requérons, en vertu de la loi du 22 août 1791, titre 13, art. 36, M. . . . (noms, qualité et demeure) auquel nous avons représenté nos commissions, de nous assister dans la visite que nous sommes intentionnés d'opérer en la demeure d'un habitant de sa commune, et lui avons laissé copie du présent.

Fait à . . . . . le . . . . .

(Signatures.)

N.° 42.

Nous soussignés . . . . . (noms, qualités et demeures), en vertu de la loi du 22 août 1791, titre 13, art. 14, requérons M . . . (noms, qualités et demeure du fonctionnaire) auquel nous avons représenté nos commissions, de nous faire prêter à l'instant main-forte à l'effet de . . . . (indiquer le motif en peu de mots), sous peine de désobéissance à la loi, et lui avons remis une copie du présent.

Fait à . . . . le . . . .

(Signatures.)

Nota. Si le fonctionnaire se rend à la réquisition, il devient inutile de lui en laisser copie ; mais s'il y a refus, on peut en dresser procès-verbal, auquel la réquisition sera annexée, l'affirmer, le faire enregistrer, et l'envoyer au Directeur qui, s'il le juge convenable, le déférera à l'autorité judiciaire, afin qu'elle poursuive l'application de la loi contre le fonctionnaire qui aura désobéi.

TABLE ALPHABÉTIQUE.

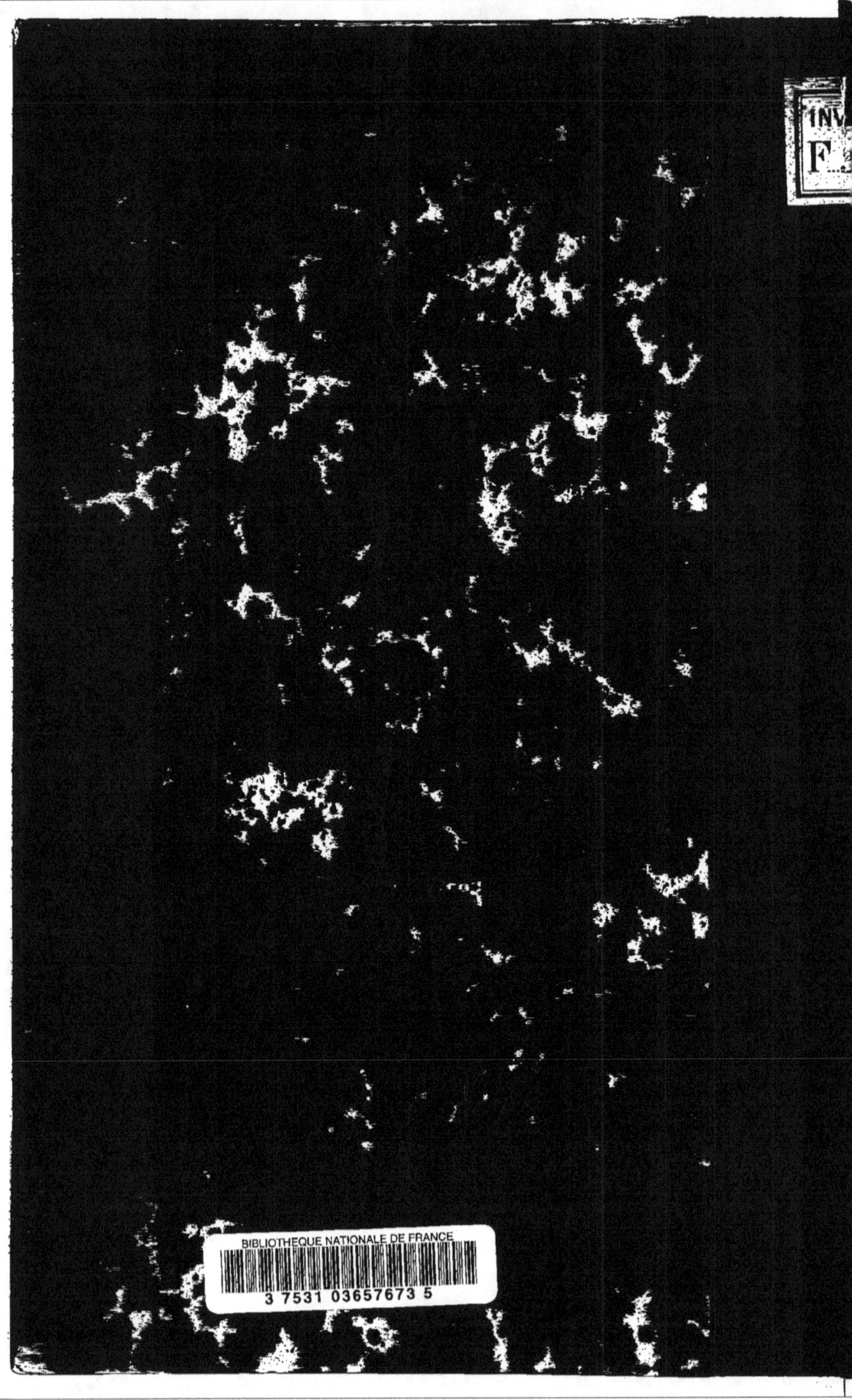